KB158596

1년에 경매 1건으로 연봉 버는

# 월급쟁이 투자 전략

일러두기

- 본 도서에는 이해를 돕기 위해 표준면적 단위인 ㎡와 평을 함께 사용했습니다.

시간 없고, 돈 없고,
앞날은 불안한 직장인을 위한

# 1년에 경매
이창민(부가남) 지음
# 1건으로 연봉 버는

# 월급쟁이
# 투자 전략

# 30대 직장인인 당신도
# 건물주가 될 수 있다

"직장인인 당신은 언제까지

회사에 목매달며 살 것인가?"

2009년 1월 1일 새해 첫날, 나는 대구에서 KTX를 타고 서울로 왔다. 그다음 날이 회사 첫 출근이었다. 27살, 부푼 꿈을 안은 채 어머니가 준비해 주신 이불 보따리를 둘러메고 서울역에서 신촌으로 향했다. 서울로 취업한 대학 동기와 원룸에서 같이 살기로 했는데, 월세가 55만 원이라 침대를 쓰는 친구는 30만 원, 바닥에 자는 나는 25만 원을 부담하기로 했다. 그렇게 서울 생활은 시작되었다.

　그 당시 나의 전 재산은 100만 원이었다. 1월 25일 첫 월급이 나오니까 그때까지 100만 원으로 버텨야 했다. 그랬던 내가 30대에 건물주가 되었다. 첫 건물은 2013년, 31세에 회사 동기 두 명과 함께 투자한 경기도 군포시에 있는 상가주택이었다. 두 번째 건물은 2019년 경매로 단독 명의로 충남 당진시의 다가구를 낙찰받았다. 이후 아파트, 상가, 토지를 차례차례 매수했다.

이 책에는 그동안 회사를 다니며, 퇴근 후와 주말 자투리 시간을 활용해 부동산 투자를 한 나의 경험담이 담겨 있다. 그 누구보다 회사 가기가 싫었지만, 아직 회사를 벗어나 독립할 준비가 되지 않았기에 버티고 버티며 부동산 경매 투자를 이어나간 나의 경험, 기술, 노하우를 이 책에 적었다.

직장 생활 12년을 하고 2020년 10월 말, 딱 내 나이 38살에 꿈에 그리던 퇴사를 했다. 월급 이외의 파이프라인을 구축해 두었기에 아내가 먼저 퇴사를 제안했다. 회사 월급 없이 내가 가진 경험과 노하우만으로도 이 남자를 믿고 갈 수 있겠구나 하는 믿음을 아내에게 준 게 아닌가 싶다.

현재는 부동산 전업투자자의 삶을 살고 있다. 지금의 삶에 무척이나 만족한다. 집 근처 사무실을 구해 주 5일 자체적으로 출퇴근하며 살고 있다. 아직 젊은데 매일 집에 있기는 싫어서다. 아내도 '삼식이'는 싫다며 집에 있지 말고 나가라고 했다. 내가 원하는 시간에 점심을 먹고 낮잠을 자는데, 꼭 한 시간을 맞출 필요도 없다. 더 자고 싶으면 두 시간, 세 시간도 잔다. 업무 시간 중간에 유튜브를 보기도 하고 넷플릭스도 마음껏 본다. 사실 일하는 시간보다 노는 시간이 더 많다. 컨디션이 안 좋은 날에는 동네 사우나에 가서 피로도 푼다. 퇴근 시간은 내 마음대로다. 네 시에 퇴근할 때도 있고 부동산 물건 분석이 잘 되고 재밌을 때는 저녁 아홉 시까지 야근할 때도 있다. 중요한 건 내 인생, 내 시간을 내가 컨트롤 하는 것이다. 정말 내가 원했던 삶이다. 그래서 만족한다.

주변 나의 회사 동기, 고향 친구 들은 여전히 직장 생활을 하고 있다. 분명 다른 길이 있는데 안타까웠다. 그래서 그 길을 알려 주고 싶었다. 절대 강요는 아니다. 따라 해도 되고 안 해도 된다. 다만, 직장인으로서 30대에 건물주로서 경제적 지유를 얻고 퇴사해 40대인 현재는 내 삶을 주체적으로 사는 사람도 있다는 걸 보여 주고 싶었다.

당신이 30대 직장인이라면, 당신도 이렇게 살 수 있다는 걸 알았으면 한다. 사실 40대든 50대든 늦지 않았다. 다만 부동산에 남들보다 조금 더 시간을 투자하고 인생에서의 비중을 많이 두면 된다. 내가 했는데 당신이 못 할 이유가 전혀 없다. 27살 대구에서 이불 보따리와 딱 100만 원 들고 상경한 청년이 부동산 경매라는 마법을 통해 건물주가 되고, 경제적 자유도 얻고 남은 인생 노후 걱정 없이 하고 싶은 일 하면서 눈치 보지 않고 잘 살고 있다.

당신도 충분히 할 수 있다. 오히려 나보다 더 잘할 수 있다. 그건 확실하다. 서울에 와서 정말 똑똑한 사람이 많다는 걸 느꼈다. 그들을 보며 자괴감에 빠졌다. 하지만 그들보다 내가 나은 점은 딱 하나, 꾸준함이었다. 직장인 시절 꾸준히 부동산 경매를 했을 뿐이다. 잠자는 시간을 줄여가면서 수많은 경매 수업과 스터디 모임을 하면서, 또

수도 없이 많은 임장을 다니면서 얻은 실전 경매 투자의 기술을 이 한 권의 책에 담았다.

이 책이 기존의 수많은 경매 투자서와 다른 점은 직장인들에게 특화되었다는 점이다. 특히 30~40대 직장인이 읽으면 가장 좋다. 필자가 30대였을 때, 실제로 경매를 시작해서 건물주가 되었기 때문에, 그 어떤 경매 투자서보다 실용적인 도움을 줄 수 있다고 생각한다. 경매 투자 전문자이자 동시에 직장인이었던 내 경험담을 직장인들을 위해 아낌없이 풀었다.

이 책의 목적은 그냥 경매 기술을 알려 주는 것이 아니다. 이 책의 유일한 목적은 시간과 환경에 제약을 받는 직장인들이 가장 쉽고 빠르게 경매를 익히고 터득해, 건물주가 되도록 돕는 것이다.

직장인들이 전문 투자자를 흉내내 따라가려고 하는 것은 시작부터가 잘못이다. 전문 투자자는 밥 먹고 투자만 연구하는 사람이다. 직장인들은 그렇게 도저히 할 수 없다. 그래서 방법과 접근법부터 달라야 한다. 그 길을 대한민국에서 가장 잘 아는 사람 중 한 명이 바로 나라고 자부한다.

다시 한번 강조하지만, 직장인의 경매 투자 기술은 전문가들의 그것과 달라야 한다. 그렇다면 어떻게 달라야 하고, 어떤 방법으로 투자를 해야 할까? 바로 이 책에 그 답이 담겨 있다. 직장인 경매 투자의 기술, 경매 투자를 할 때 반드시 조심하고 피해야 할 것들, 그리고 경매 노하우와 팁도 담았다.

지금은 부동산 경기가 좋지 않다. '불황'이다. 하지만 오히려 이때가 바로 부동산 공부를 해서 실력을 키우고, 수익을 낼 시점이다. 남들의 관심이 적어진 지금이 A급 물건 중 골라서, 더 싸게 매입할 수 있는 기회이기도 하다. 다시 부동산 호황이 일어날 때, 그제서야 공부해 투자하려면 너무 늦다. 물건은 없고, 가격은 비싸다.

10년 동안의 나의 경험과 노하우들을 빠짐없이 다 알려 주려고 한다. 2020년 퇴사하던 해, 팀원이었던 당시 20대 후반 사원 두 명이 있었다. 그 친구들에게 경매와 투자에 대해 조언하고 책도 선물했었다. 필자가 아꼈던 후배들에게 아낌없이 알려 주려고 했던 그 마음을 담아 썼다. 날것의 정보가 담겨 있으니 이 책을 통해 용기를 얻고 도전했으면 한다. 자신의 삶을 스스로 개척하며 나은 방향으로 이끌길 진심으로 응원한다.

부가남(이창민) 드림

1 YEAR 1 REAL ESTATE AUCTION

# 목차

## 2장 쉽게 이해하는 경매 과정

## 3장 직장인의 경매는 달라야 한다

## 4장 물건 분석 : 잘 아는 지역부터 시작한다

## 5장 임장 : 가족과 나들이 가듯 나간다

## 6장 낙찰 : 적은 돈으로 좋은 물건 낙찰받기

## 7장 명도 & 임대 : 대면 없이 명도하고 수익률 높이기까지!

## 1장

# 직장인인 당신이
# 경매를 시작하지 못하는 이유 vs
# 경매를 해야 하는 이유

# 돈이 없다
## vs
# 마음만 먹으면 적은 돈으로도 할 수 있다

많은 사람이 돈이 없어서 부동산을 공부조차 시작하지 못한다고 말한다. 그게 현실이다. 투자를 해 보려는 직장인은 대부분 돈이 부족하거나 없다. 특히 부동산의 경우 투자금의 단위가 크다. 주식은 당장 몇만 원으로도 시작할 수 있지만 부동산은 기본적으로 수천만 원이 필요하다. 따라서 사회초년생은 주식으로 재테크를 시작하고, 결혼을 준비하면서부터 부동산에 관심을 갖게 되는 것이 일반적이다.

나의 경험을 되돌아보거나 주변 사람들의 상황을 봐도 거의 모든 사람이 돈이 없거나 부족하다. 부동산 투자에 관심은 있지만 '투자금이 없는데 무슨 부동산 투자냐'라고 말하는 사람이 주변에 매우 많다. 돈의 파이프라인을 갖고 싶다는 마음이 생겨도 선뜻 행동하지 못하게 만드는 것이 바로 투자금 부족이라는 장벽이다.

이렇게 묻고 싶다. 목표가 있다면 투자금, 종잣돈을 모으는 데 가속이 붙지 않을까? 부동산은 장기 레이스이다. 일단 부동산 공부를 시작하면 눈에 보이는 구체적인 목표가 생긴다. 예를 들어 '내가 사는 지역의 방 두 개짜리 아파트를 갖고 싶다'라든지 '상가 월세를 받아 월급 이외 300만 원의 현금 흐름을 만들겠다'라는 목표 말이다. 두루뭉술한 꿈보다는 구체적인 목표가 있을 때 사람은 움직이게 된다.

부동산을 아예 모르는 상태에서 이런 목표를 과연 가질 수 있을까? 불가능하다고 본다. 뭘 알아야 궁금증이 생기고 원하는 것도 구체적으로 타겟팅할 수 있다. 내가 제안하는 것은 간단하다. 일단 부동산 공부를 시작하라는 것이다. 돈이 없다고 남들이 부동산으로 돈 버는 것만 구경하며 배 아파 하는 대신 작은 것부터 실행해라.

우선 부동산 관련 책을 사서 읽는다. 유튜브 보는 시간은 조금 줄이고 일주일에 한 권을 목표로 책을 읽으면서 인풋 자료를 넣는 것이다. 일단 부동산 관련 정보를 머릿속에 채워 넣으면서 한 걸음씩 천천히 실전 투자를 준비하자. 갑자기 로또에 당첨되지 않는 한, 없던 투자금이 갑자기 생겨나지는 않는다. 그런 일은 절대 없다.

나의 경우 2013년, 회사 동기 두 명과 함께 상가주택을 매입하며 처음 투자를 시작했다. 당시 매입가는 11억 원이었는데 그중 3억 원은 당시 임차인 보증금, 3억 원은 신규 대출로 해결됐고, 실투자금 5억 1,000만 원이 필요했다. 세 명이 각 1억 7,000만 원씩 부담하기로 했다. 마이너스 통장과 신용대출을 알아 보니 나는 1억 6,000만 원까지 가능했다. 실투자금으로 1,000만 원이 투입되었고, 매달 순현금 흐름은 100만 원씩 발생했다.

이 물건을 매입하기 전까지 나와 회사 동기들은 1년 동안 부동산 재테크 공부를 했다. 자체 스터디 모임을 만들어 매주 일요일 오전마다 세 시간씩 투자했다. 처음 모임을 시작했을 때만 해도, 막 결혼을 한 상태라 그동안 모은 돈을 전부 쓴 상태였다.

그때 만약 투자금이 없다는 이유로 아무런 준비가 없었다면 과연 어땠을까? 다음해 상가주택을 매입하지 못했을 것이고, 지금까지 '아, 투자는 하고 싶지만 할 수가 없네' 같은 자조적인 생각과 말만 내뱉으며 시간을 보내지 않았을까 예상된다.

많은 분이 10년 전 나와 같은 상황일 것이다. 누군가는 돈이 없다고 아무런 행동을 하지 않을 것이고 누군가는 앞으로 다가올 기회를 잡기 위해 도끼날을 갈고 있을 것이다.

뜻이 있으면 길이 있다. 그 뜻은 실행해야만 생긴다. 가만히 있거나 새로운 시도를 하지 않는다면 절대 변화는 없다. 돈이 없어서 부동산 투자를 못하는 것이 아니라 진짜 할 의지가 없는 건 아닌지 스스로에게 되물어 봤으면 한다.


물론 부동산 투자를 하기 위해서는 종잣돈이 필요하다. 돈을 모을 시간이 필요하다면 그 기간에 공부를 하면 된다. 1년이든 2년이든 공부하며 종잣돈을 쌓는 것이다. 통장에는 돈이 모이고 머릿속에는 지식과 경험이 모인다. 돈이 있다고 투자를 잘하는 것은 아니다. 오히려 돈만 있으면 사기 당하기 딱 좋다. 돈과 함께 지식도 모으는 시간을 가진다고 생각하고 일단 시작해라. 그리고 이 책은 종잣돈 모으는 '최소한'의 시기를 최대한 줄여 줄 것이며, 부동산의 가치를 어떻게 판단하고 투자해야 하는지 알려 줄 것이다.

어제와 똑같이 오늘을 산 자가 어제와 다른 내일을 꿈꾸는 것은 욕심이다. 지금 당장, 어제와는 다른 마인드를 갖자. 작지만 의미 있는 행동을 시작했으면 한다. 부동산 공부를 해 보면 꼭 가지고 싶은 부동산이 구체화되고, 그것을 갖고자 돈 모을 방법을 어떻게든 찾아 내는 것이 사람이다.

# 시간이 없다
## vs
## 자투리 시간만으로 충분하다

시간은 항상 부족하다. 시간이 넉넉하게 남았던 적이 언제였는지 기억나는가? 이유는 모르겠지만 나도 항상 쫓기듯 살아왔다. 10대 때는 대학 입시, 20대 때는 학점과 토익 점수 올리기, 스펙 쌓기를 하며 돈 많이 주고 이름 있는 회사에 취업하기 위해 아둥바둥 살았다. 30대가 되니 결혼을 했고 아기가 태어나니 시간은 더 부족해졌다. 열심히 사는 것 같긴 한데 돈은 더 안 모이고 뭔가 알 수 없는 불안감은 떠나지 않았다. 나는 그랬다. 다른 사람들도 크게 다르지 않을 거라고 생각한다.

직장을 다니며 부동산 공부를 병행하기란 쉽지 않다. 그건 사실이다. 동시에 두 가지를 해내겠다고 하지만, 어찌 보면 둘 다 지지부진해지는 결과를 낳을 수도 있다. 선택을 해야 한다. 한 가지만이라도 잘할 것인가 아니면 두 가지를 천천히, 그러나 제대로 병행하면서 직장 이외의 무기를 만들 것인가.

나도 직장 생활을 12년간 했다. 2009년 1월에 입사해 2020년 10월에 퇴사했다. 그중 5년을 해외에서 근무했다. 이후 부동산 경매를 본격적으로 하고 싶은 마음에 부서를 옮겼다. 외국에 있으면 현장에 직접 갈 수 없으니 부동산 임장도 불가능하고 경매 입찰도 할 수 없다. 어차피 임원까지 올라갈 생각도, 능력도 없었기에 직장 내 커리어를 포기하고 한국에서 근무할 수 있는 부서로 옮긴 것이다.

해외 근무 때보다 급여가 줄어들었기 때문에 부동산 투자를 통해 그 이상의 수익을 만들어야 했다. 아내는 아이를 낳고 전업주부가 되었으므로 서울에서 외벌이로 살아남으려면 다른 대안이 없었다. 악착같이 부동산 공부에 올인했다.

출퇴근 시간에 부동산 온라인 강의를 듣고, 퇴근 후에는 아내에게 양해를 구하고 매일 한 시간 이상 개인 시간을 가졌다. 그 시간에 책을 읽거나 온라인 강의를 듣거나 물건 분석을 했다. 주말에는 오프라인 강의를 듣고 스터디 모임에 참여했다. 직장을 다니니 임장은 주말에만 가능했다. 가능하다면 가족과 함께 임장을 가는 것으로, 나들이 겸 임장을 동시에 해결했다. 참 빡빡하게 살았다. 숨 쉴 틈 없이 몇 년을 보냈다.

놀라운 건 오프라인 부동산 수업을 들으러 가면 나보다 더 열심히 사는 사람이 많다는 사실이었다. 나보다 더 바쁜 것 같은데, 부동산 공부도 열심히 하는 분들이 눈에 띄었다. 대표적으로 워킹맘들이다. 직장 일, 육아, 부동산 공부까지 세 가지를 병행하는데도 씩씩하고 열정적인 모습이었다. 수업 시간에 일찍 와서 맨앞 줄 또는 두 번째 줄에 앉아 열심히 수업 듣고, 스터디에서도 똑부러지게 물건 조사하고 분석하는 모습이 단연 인상 깊었다.

인간은 현재 속한 환경에 영향을 많이 받는다. 그분들을 보며, 힘들다는 투정을 감히 부릴 수가 없었다. 오히려 더 열심히 해야겠다는 동기 부여가 됐다. 나태해지고 게을러지는 마음을 다잡을 수 있었다. 혼자 공부했다면, 시너지가 나지 않았을 일이다.

시간이 없어서 못한다는 말은 그 일이 그만큼 중요하지 않다는 뜻이다. 그만큼 절실하지 않다는 뜻도 된다. 뜻이 있으면 시간은 아주 조금이라도 만들 수 있고, 그렇게 모은 시간으로 충분히 공부하고 발전할 수 있다. 우선순위를 바꿔 부동산을 위한 시간을 확보하자.

부동산은 특별한 재능이나 공부머리가 없어도, 차근차근 꾸준히 공부하면 누구나 정복할 수 있는 분야이다. 내가 그런 과정을 거쳤기에 자신 있게 얘기할 수 있다.

# 월급을 꼬박꼬박 받는다
## vs
# 직장 없이 자립할 수 있다

직장을 다닐 때는 항상 두려웠다. 50대가 되어도 부장님처럼 계속 직장을 다녀야 하나? 퇴사하면 수입이 없는 걸까? 무슨 일이 생겨 직장을 다닐 수 없다면 어떻게 먹고 살지? 열심히 공부해서 취업했지만 직장을 얻고 나니 시한부 신세였다. 직장 생활은 길면 30년, 짧으면 20년이다. 왜 몰랐을까? 학교에서는 왜 알려 주지 않았을까? 원망스러웠지만, 늦었다. 당장 살길을 찾아야 했다. 뭐가 좋을까 고민하기 시작했다.

나의 경우, 30대 초중반에 이민을 생각했다. 대학교 때 영국에서 어학연수를 했는데 런던의 한인 민박에 손님이 많았던 기억 때문이었다. 런던이나 프랑스 파리에서 게스트하우스를 운영하면 어떨까 생각했다. 지금보다 자유로운 생활이 가능할 것 같았다.

해외 현장 근무를 통해 받은 휴가 기간 동안, 파리에 있는 게스트하우스에 묵었다. 마침 사장님이 한국인이었다. '나도 파리에 게스트하우스를 하고 싶은데, 방법을 알고 싶다'고 물으니 사장님이 합법적으로 운영하려면 프랑스 현지인이 있어야 한다고 알려 줬다. 그 사장님의 남편은 프랑스 사람이었다.

스페인 가족 여행을 갔을 때는 바르셀로나에서 해산물 짬뽕을 팔아 볼까 계획을 세우고 현지조사를 했다. 현지 한국인 가이드에게 물었더니 스페인 사람들은 뜨거운 국물을 안 먹는다고 했다. '아…. 스페인도 안 되는구나' 하고 포기했다. 그 당시 나는 직장 없이 자립할 방법으로 이민을 선택했다. 하지만 실현하려니 만만치 않았다. 말도 통하지 않고 인맥도 없었다. 처자식을 데리고 외국으로 나가 돈을 벌고 생활한다는 건 쉽지 않다는 걸 느꼈다.


문득 이런 생각이 들었다. 돈이 들어오는 파이프라인을 여러 개 만들면 월급만큼 크기를 키울 수 있지 않을까? 그래 맞다. 월급만큼의 추가 수익이 들어온다면 직장 없이 자립할 수 있다. 해외 여행까지 가서 쉬는 데 집중하지 못하고 괜스레 시장 조사를 한다며 돌아다녔던 기억에 헛웃음이 났다. 이제 방향은 잡았다. 방법을 알아야 할 차례였다. 먼저 서점에 가서 '돈 버는 법'에 대한 책을 훑어봤다. 다양한 책이 있었다. 그중 우선 부동산 분야 책을 골랐다. 일단 쉽고 기초를 다질 수 있는 책부터 시작했다. 읽는 데 어려우면 왠지 계속하지 않을 것 같았다. 일주일에 한 권이라는 목표를 세우고, 무리하지 않는 선에서 책을 읽어 나갔다. 한 권, 두 권이 10권, 20권이 되고, 50권이 됐다. 처음에는 모르는 용어가 대부분이었지만, 중간에 멈추지 않고 그냥 읽는다는 데 목표를 뒀다. 읽다 보니 중복되는 내용이 많았고 조금씩 속도가 붙었다. 나중에는 책 한 권을 읽는 데 두 시간도 걸리지 않았다. 부동산 책을 읽는 와중에 주식, 코인 관련 책도 함께 읽었다. 주식 책은 스무 권, 코인 책은 다섯 권 정도를 읽었던 것 같다. 확실히 부동산이 체질적으로 나와 맞았다.

부동산은 월세로, 주식은 배당으로 일정한 수익을 정기적으로 얻을 수 있다. 코인은 그게 없었다. 내가 생각하기에 코인은 그냥 싸게 사서 비싸지면 파는 투자였다.

월급을 대체할 수단이 부동산과 주식으로 압축됐다. 하지만 주식은 배당을 넉넉히 주면서 시세차익까지 얻을 수 있는 종목을 찾기가 쉽지 않았다. 생각보다 배당수익률도 낮아서 월급을 대체하려면 매우 큰 자금이 필요했다. 5% 배당이라면 20억 원을 투자했을 시 1년에 1억 원의 배당금을 받는다. 월 833만 원이다. 30대 직장인에게 현금 20억 원이 있겠는가. 주식은 레버리지를 일으키기도 겁이 났다. 주가가 급락할 경우 반대 매매를 당할 수 있기 때문이다.

반면 부동산은 시세 20억 원짜리 물건이라도 은행 담보대출과 세입자 보증금을 활용하면 그보다 훨씬 적은 돈으로 투자가 가능했다. 심지어 당시 읽은 책에서는 경매를 활용하면 무피 투자도 가능하다는 내용이 반복됐다.

부동산, 주식, 코인 모두 기웃거린 결과, 나는 부동산을 선택했다. 월급을 대체할 만큼의 수익이 있어야 직장 없이 자립할 수 있는데, 내 상황에서는 유일하게 부동산만이 가능하다는 결론이었다. 그때부터 부동산에 시간과 노력을 투자하기 시작했다.

퇴근 후 인터넷 강의를 듣고, 주말에는 오프라인 강의와 스터디에 참여했다. 휴식 시간은 매우 줄었지만 부동산 지식과 경험이 쌓여 간다는 걸 어렴풋이 느꼈다. 지쳐 중간에 포기하지만 않는다면 월세로 파이프라인을 늘릴 수 있다는 확신이 생겼다. 기분이 좋고 재밌었다. 직장 없이 자립하기 위한 능력치를 쌓아간다는 느낌이었다.

실력이 느는 만큼, 동시에 직장에서는 부장님 눈치를 덜 보기 시작했다. 인간이 참 간사하다. 직장만 바라볼 때는 상사 눈치가 그렇게 보였는데…. 그래도 좋았다. 개인 시간을 활용해 직장이라는 감옥을 벗어날 길을 스스로 만들고 있다는 생각 때문이었다. 빨리 퇴사하고 싶은 사람일수록 빨리 탈출 열쇠를 만들면 된다. 각자의 상황에 맞게 자립할 준비를 하면 된다.

퇴사하겠다고 현장 소장님께 보고를 드린 날이 지금도 생각난다. 서울 아파트 현장에서 근무하고 있을 때였다. 소장님과 부장님들의 표정과 반응은 복잡 미묘했다. 부럽기도 하고 걱정스럽기도 하다는 눈빛이었다. 마지막 근무 날에는 드라마 〈이태원 클라쓰〉 OST '시작'을 들으며 퇴근했다. 진짜 자립을 시작한 날이었다. 지난 몇 년간의 노력에 대한 결실이었다.

# 어려울 것 같아서 시도 자체를 하지 않는다
## vs
# 누구나 쉽게 할 수 있다

이사할 집 한 채를 알아 보는 것도 힘든데 경매까지? 이런 두려움과 막막함에 시도조차 하지 않는 사람들이 있다. 매우 안타깝다. 부동산 지식을 쌓고 더불어 경매 기술까지 익힌다면 인생을 살아가는 데 무척 유리하다. 사회인으로서 반드시 알아 두면 좋은 분야 하나를 선택하라고 한다면 단연 부동산이다.

지피지기면 백전백승이라고 했다. 부동산이 무엇인지 알면 투자도 어렵지 않게 느껴진다. 투자 대상으로 삼는 부동산의 종류는 일반적으로 주거형과 비주거형 그리고 토지로 나눌 수 있다. 이를 바탕으로 종류별로 가치 분석하는 방법을 익히면 된다.

### 1. 부동산의 종류
주거형 부동산은 공동주택과 단독주택으로 나눌 수 있다. 일반인들이 입문용으로 가장 먼저 접하는 아파트는 공동주택에 속하는 부동

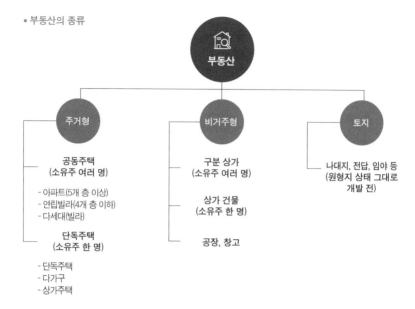

산이다. 다가구와 상가주택은 소유주가 한 명인 단독주택에 속한다. 땅 위에 세워진 주거형 건축물은 소유주가 몇 명인지에 따라 다르게 부른다. 토지의 용도지역별로 건축할 수 있는 건물이 다르지만 지금은 이 정도만 알아도 충분하다.

비주거형 부동산에는 (구분) 상가, 공장, 창고 등이 있다. 말 그대로 사람이 살지 않는 부동산들이다. 상업적 목적으로 사용하며, 월세 현금 흐름이 나오는 대표적 부동산이다.

구분 상가는 하나의 상가 건물이 여러 개로 구분되어 소유주가 각각 다르다. 101호, 102호… 110호, 201호, 202호 등으로 소유자가 나뉘어 있다.

• 구분 상가와 상가 건물의 예시

상가 건물과 구분 상가의 차이점은 소유주의 숫자다. 역할은 동일한데 소유주가 한 명일 경우 상가 건물이라고 부르며, 소유주가 여러 명일 경우 구분 상가라고 한다.

사진은 각각 구분 상가와 상가 건물의 예시이다. 그중 아래는 시외 도로변에 위치한 상가 건물의 전형적인 모습이다. 주차장이 넓게 확보되어 있고 부동산, 편의점, 식당 등으로 활용된다. 소유주가 한 명인 경우가 대부분이다. 만일 같은 건물이라도 각 상가별로 소유주가 다르다면 이는 구분 상가가 된다.

토지는 나대지, 전답, 임야 등이다. 건축물이 들어서지 않은 상태의 부동산이다. 각 토지의 입지에 따라 개발(건축)이라는 과정을 통해 주거형 또는 비주거형 부동산으로 형태가 변한다. 부동산이라는 세계에서 흔히 말해 '고수'들이 주로 활동하는 영역이다. 개별성이 크고 변수들이 많아 초보 입문자가 바로 덤비기에는 어려움이 있는 반면, 기대 수익이 가장 큰 부동산 분야이다.

## 2. 부동산 매입 방법

부동산의 매입 방법은 크게 네 가지로 일반 매매, 경매, 공매, 신탁 공매가 있다. 각각의 장단점이 있다. 일반 매매의 경우 공인중개사가 중개의 주체이다. 권리 분석과 명도도 매수자가 할 필요 없다. 가장 많은 물건이 있다는 장점이 있지만 상대적으로 비싸다.

• 부동산 매입 방법의 차이

| 매입 방법 | 중개 주체 | 권리 분석/명도 | 장점 | 단점 |
|---|---|---|---|---|
| 일반 매매 | 공인중개사 | 불필요 | 물건이 많음 | (상대적으로) 비쌈 |
| 경매 | 법원 | 필요 | 원하는 가격에 매입 | 경쟁 치열 |
| 공매 | 온비드<br>(한국자산관리공사) | 필요 | 원하는 가격에 매입 | 물건이 적음 |
| 신탁 공매 | 신탁사(14개) | 필요 | 원하는 가격에 매입 | 물건이 적음 |

경매, 공매, 신탁 공매의 경우 중개 주체만 다르고 나머지는 거의 동일하다. 가장 큰 장점은 매수자가 원하는 가격에 매입 가능하다는 것이다. 만일 패찰하게 되어도 손해는 없다. 그냥 다음 물건을 검토하면 된다.

경매를 배우지 않은 일반인이라면 부동산 매입 방법이 일반 매매 하나뿐이다. 선택지가 적어진다. 특히 원하는 가격에 매입할 수 있다는 옵션이 없다. 반면 경매, 공매, 신탁 공매는 권리 분석과 명도를 스스로 해야 한다. 이 점이 가장 큰 진입장벽이다.

매수자가 원하는 가격에 살 수 있다는 옵션은 큰 장점이다. 단지 권리 분석과 명도가 어렵고 두렵다고 포기하기에는 그 메리트가 너무 크다. 한 발짝 경매라는 세계에 들어와 공부해 보면 권리 분석과 명도가 생각보다 간단하다는 것을 알 수 있다. 사실이다. 그 방법에 대해서 하나씩 알려 주겠다.

용기를 가지고 열린 마음으로 부동산이 무엇인지, 경매는 어떻게 해야 하는지 배웠으면 한다. 이 기술만 익혀도 앞으로 인생을 살아가는 데 큰 무기가 될 것이다. 배워 두면 무조건 이익인 분야이다. 힘들 것 같아 시도조차 하지 않는 우를 범하지 않았으면 한다. 누구나 충분히 배울 수 있고 쉽게 따라할 수 있는 분야가 부동산이고 경매이다. 시도와 도전 없이 오늘과 다른 내일을 기대하지 않았으면 한다.

# 부동산 투기?
## vs
# 부동산 투자!

부동산 투자를 투기라고 말하는 사람들이 있다. 투기와 투자의 차이점은 무엇일까? 사전적으로 투기는 '시세 변동을 예상해 차익을 얻기 위하여 하는 매매 거래', 투자는 '이익을 얻기 위하여 어떤 일이나 사업에 자본을 대거나 시간이나 정성을 쏟음'으로 정의된다. 투기와 투자의 공통점은 '차익', '이익'이라는 표현처럼 어떤 행위를 함으로써 수익 얻는 것을 목표로 한다는 점이다. 차이점은 시간이나 정성을 쏟았느냐로 볼 수 있다.

예를 들어, 경기도 용인의 토지를 샀다고 가정하자. 그 토지의 용도지역이 무엇인지, 도로와 접했는지, 개발이 가능한지 등을 면밀히 검토하고 시세 대비 가격이 적절한지를 시간과 정성을 들여 판단했으며, 용도를 고민해 구입했다면 이것은 투자이다. 반면, '삼성전자'가 반도체 공장을 용인에 짓는다는 발표를 보고 향후 시세가 오를 거라는 기대에 근처 땅을 묻지도 따지지도 않고 매입했다면 투기이다.

부동산 투기를 한 경우 운이 좋으면 돈을 벌 수도 있다. 소 뒷발에 쥐 잡는다는 말이 있듯이 우연히 나는 수익이다. 문제는 지속성이다. 두 번, 세 번 꾸준히 이익을 낼 수 있어야 한다. 부동산 '투자'에서는 꾸준한 수익을 기대할 수 있다.

어떤 분야에서든 주변에 꾸준한 수익을 내는 사람이 있다면 주의 깊게 살펴봤으면 한다. 그가 그 분야를 공부하고 분석하며 시간과 정성을 쏟고 있음을 보게 될 것이다. 부동산을 지속적으로 공부하고 임장 다니고 투자를 하며 실력을 키워 나가는 것은 그 분야의 전문가로 성장한다는 뜻이다.

전문가가 될수록 수익이 높아지는 것은 당연하다. 부동산의 종류가 다양한 만큼, 같은 부동산 전문가라고 해도 아파트 전문가, 상가 전문가, 토지 전문가로 다시 나뉜다. 그들은 전문가의 시선으로 물건을 분석하고 적정 가치를 파악한다. 자신이 판단한 적정 가치와 시장 가격의 차이에서 이익을 실현하는 것이다. 이것이 부동산 투자이다.

누구나 부동산 투자를 할 수 있다. 시간과 정성을 쏟는다면 이익을 얻을 수 있다. 현실 세계에서 부동산만큼 공정한 게임은 없다. 대한민국 부동산 시장의 참여자는 대부분 개인이다. 주식만 해도 시장 참여자가 개인, 기관, 외국인으로 다양하다. 기관, 외국인과 비교하면 개미는 정보와 자금력에서 상대가 되지 않는다. 사실 불공정한 게임이다.

부동산 시장에는 기관과 외국인이 거의 없으므로, 개미와 개미의 싸움이다. 이 싸움에서는 정보와 자금력 이상으로 얼마나 더 열심히 부동산 실력을 키웠는지가 중요하다. 즉, 정확한 부동산의 가치를 파악할 수 있는 눈을 가졌느냐가 투자의 성패를 좌우한다.

일반인이 부자가 되는 길은 세 가지라고 한다. 첫 번째는 부모로부터 많은 유산을 상속받는 것, 두 번째는 사업을 통해 재산을 불리는 것, 세 번째는 부동신이나 주식 등 투사를 통해 부를 얻는 것이다. 우리는 지금부터 투기가 아닌 투자를 할 것이다. 부를 얻고 키워 나가기 위해선 지속적인 이익을 얻어야 가능하다. 이 책을 읽는 독자들이 부동산 투자를 통해 지속적인 부의 증식을 이뤄 나갔으면 한다.

# 안정적인 수익이 존재한다
## vs
# 경제적 자유를 얻을 수 있다

'월급은 마약과 같다.' 직장 생활을 할 때 많이 듣던 말이다. 이게 참 끊기가 쉽지 않다. 너무 달콤해서 월급 없이 자립하기가 어렵다. 초·중·고·대학까지 열심히 공부해서 어렵게 취직한 회사니까 말이다. 하지만 월급이라는 굴레를 벗어나야 성장할 수 있다. 우리는 알고 있다. 이 월급이 평생 지속되지 않는다는 사실을.

대부분의 직장인은 월급으로 생활을 유지하고 있다. 당장 월급이 끊긴다면 얼마나 버틸 수 있는지 생각해 본 적이 있는가? 사람마다 다르겠지만 6개월? 1년? 길면 3년 정도는 버틸 수 있는 현금을 가지고 있을 것이다. 그다음은? 현금이 떨어지고 나면 대안이 있는가?

나의 경우 2013년 10월, 아기가 태어난 후 아내가 퇴사했고 외벌이가 시작됐다. 나는 건설회사에 다녔고, 당시 국내 현장 또는 본사에 근무하면 월급으로 세후 500만 원, 해외 현장에서 근무하면 국가별로 다르지만 세후 800만 원의 월급을 받았다. 해외 근무를 하면 일반적인 맞벌이 부부의 수익은 벌 수 있었다. 문제는 가족이 함께 생활하기 어렵다는 것이다. 아내와 아이는 한국에, 나는 해외에 있으며 4개월에 한 번씩 휴가 때만 만날 수 있었다.

세 식구의 한 달 생활비로 약 500만 원이 필요했다. 사치하는 것도 아닌데 물가가 그만큼 비쌌다. 국내에서 근무하면 매달 큰돈을 저축하는 것은 불가능했다. 그렇다고 계속 해외 근무만 할 수는 없었다. 4개월 만에 집에 오니 아이가 나를 무서워하며 엄마 뒤로 몸을 숨겼다.

가족을 위해서 먼 타향에서 고생하며 돈 벌고 있는데, 정작 내 아들은 나를 알아보지 못하다니. '이게 무슨 의미가 있지?' 싶었다. 2주의 휴가 기간 동안 아이와 다시 익숙해진 후 복귀하는 날, 문제가 또 발생했다. 아빠가 멀리 떠날 거라는 사실을 아이가 귀신같이 눈치 챘다. 집 앞에서 기다리는 택시에 캐리어를 싣고 공항으로 떠나야 하는데 아내 등에 업힌 아이는 울고불고 난리였다. 서럽게 울던 아이의 모습이 계속 떠올랐고, 가족을 두고 떠나야 하는 마음이 불편하고 무거웠다.


공항으로 돌아가는 택시 안에서 속으로 많이 울었다. 그저 가족과 오순도순 살고 싶은 평범한 가장일 뿐인데, 무슨 부귀영화를 누리겠다며 이런 생이별을 하고 살아야 하나 싶었다. 그렇다고 80년대처럼 눈 딱 감고 4~5년 중동의 모래바람을 맞으며 근무하면 서울에 아파트 한 채를 살 수 있는 것도 아니었다. 한 달에 300만 원을 저축한다고 하면 1년에 3,600만 원, 해외 근무를 3년 하면 1억 원을 모을 수 있었다. 아이가 제일 예쁠 때의 모습을 보지도 못한 채 3년을 생이별하는 값이었다.

국내에 근무하면 저축을 못하고, 해외에 근무해도 만족스럽지 않은 금액을 겨우 모으는 월급쟁이 신세였다. 미래가 안 보였다. 이 수익이 평생 지속되지도 않았다. 늙고 병들고 힘이 없어지면 내 자리가 다른 이로 교체됨을 잘 알고 있었다. 경력이 쌓일수록 몸값이 올라가는 업종도 아니었다. 젊은 시절, 딱 3인 가족 생활을 유지할 정도의 월급이었다.

선택의 여지가 없다고 생각했다. 지금 당장 안정적인 월급이 들어온다고 안주하는 대신 대안을 준비하게 된 계기다. 앞서 말했듯 일단 남들이 모두 하는 주식, 부동산, 코인 등을 모두 공부했다. 경제적 자유라는 측면에서도 부동산이 월급쟁이가 덤빌 만한 가장 적합한 분야라는 확신이 들었다.

부동산은 레버리지를 충분히 일으킬 수 있어 투자금이 적게 들고 동시에 월세라는 현금 흐름을 만들 수 있다. 월급 대신 월세를 세팅해 놓으면 직장에 종속되지 않고 경제적 자유를 이룰 수 있다. 물론 처음부터 바로 월세를 만들 수는 없었기에 시간과 정성을 쏟아야 했다.

안정적이지만 언젠가는 끊길 월급만 믿고 있을 것인가? 아니면 월급을 받으면서 경제적 자유와 자립 준비를 시작할 것인가? 평생직장의 개념이 사라지고 빠르게 변화하는 세상에 적응해 살아남기 위해서는 나만의 무기가 필요하다. 부동산은 경험이 쌓일수록 투자의 안목이 높아지며 판단력이 날카로워지는 분야이다. 부동산이라는 나만의 날카로운 무기를 꼭 가지길 응원한다.

1 YEAR 1 REAL ESTATE AUCTION

## 2장

# 쉽게 이해하는
# 경매 과정

# 부동산이 무엇인지 알면
# 경매도 할 수 있다

• 부동산 경매의 장점

우선 부동산을 사고파는 일반적인 과정과 경매 절차를 통해 부동산을 매입하는 과정을 비교하고 살펴보겠다.

1번 물건 탐색과 2번 물건에 대한 전반적인 사항 분석은 일반 매매와 경매 모두 동일하다. 부동산 물건을 찾고, 전반적인 사항을 분석한다. 입지와 면적, 가격(일반 매매는 호가, 경매는 감정가)을 확인한다.

**경매 과정**

1. 물건 탐색
2. 물건에 대한 전반적인 사항 분석(입지, 면적, 가격 등)
3. 물건에 대한 권리 분석(일반 매매는 부동산 공인중개사, 경매는 스스로)
4. 가격 협상&매입(일반 매매는 공인중개사&매도인, 경매는 입찰가 산정)
5. 대출(담보대출 vs 경락잔금대출)
6. 기존 점유자 명도(일반 매매는 매도인과 협의한 날짜에 명도를 진행함, 경매는 낙찰자 기준)

차이점은 3번 권리 분석부터다. 경매의 경우, 부동산 물건의 권리 분석 주체는 공인중개사가 아니다. 본인이 스스로 해야 한다. 여기서부터 큰 벽이 생긴다.

대부분 경매를 통하면 부동산을 일반 매매보다 싸게 살 수 있다는 걸 알고 있다. 하지만 왜 경매를 선뜻 시작하지 못할까? 이유는 간단하다. '권리 분석'과 '명도'라는 장벽이 있기 때문이다. 나도 처음 경매를 시작했을 때는 이 두 가지가 두려웠다.

'등기부등본도 제대로 볼 줄 모르는데 부동산의 권리 관계를 어떻게 파악하지?', '잘못 분석해서 투자금을 다 날리면 어떡하지?' 아직 접하지 못했던 분야라 막연한 두려움과 걱정이 있었다. 그러나 익숙해지면 권리 분석을 하는 데 1분도 채 걸리지 않는다. 누구나 다 할 수 있을 정도로 어렵지 않았다.

4번 가격 협상&매입도 마찬가지다. 일반 매매의 경우, 주로 매도인이 정한 호가에서 접점을 찾아 매입 가격을 협상해 나간다. 경매는 시세 조사를 통해 입찰가를 정하고 그 가격대에 투찰한다. 입찰가가 최고가가 되면 낙찰받는 것이고 아니면 패찰한다. 이 경우 입찰보증금을 다시 돌려받는다. 협상과 협의가 아니라 말 그대로 경매이다.

부동산 경매의 가장 큰 장점은 앞에서 말했듯 '내가 원하는 가격에 살 수 있다'는 것이다. 야구로 비유하자면 경매 투자자는 타석에 선 타자이다. 원하는 구질과 코스로 공이 올 때를 기다려 방망이를 휘두른다. 낙찰을 못 받았다는 것은 배트에 정확히 공이 맞지 않았다는 뜻이다. 낙찰을 받고 기대한 만큼 수익이 났다면 안타 또는 홈런을 친 경우이다.

야구에서는 세 번 스트라이크면 삼진 아웃으로 타석을 떠나야 하지만, 경매에서는 그렇지 않다. 공은 계속 날아온다. 원하는 공이 올 때까지 기다렸다가 제대로 치기만 하면 된다. 패찰, 즉 헛스윙을 세 번, 네 번, 그 이상 해도 상관없다. 오히려 패찰을 하는 중에 영점이 서서히 맞춰진다. 신인 타자가 타석에 들어서자마자 안타, 홈런을 치는 경우는 드물다. 경험과 실력이 쌓일 시간이 필요하다.

초보자들이 하는 가장 큰 실수가 조급한 마음에 고가 낙찰을 받는 것이다. 짧게는 몇 개월 동안 경매 공부를 했으니 뭔가 성과를 내고 싶은 마음이 들기 때문이다. '내가 원하는 가격에 살 수 있다'라는 경매의 가장 큰 장점을 살리지 못한 결과이다.

실제로 경매를 막 시작한 분들이 빨리 결과를 내고 싶은 마음에 자신이 생각한 가치 이상으로 물건을 낙찰받는 경우를 수없이 봤다. 경제적으로 수익을 얻기 위해 시작한 경매인데 오히려 손실을 보는 경우이다. 최악의 결과이다. '경매는 먹을 거 없어. 경매 하지 마'라고 말하는 사람이 주변에 있다면 그들은 대부분 이런 경험을 했을 것이다. 경매로 실패한 사람의 말을 굳이 들을 필요는 없다.

5번 대출의 경우에도 경매가 일반 매매보다 유리하다. '경락잔금대출'이라는 이름이며, 감정가의 70% 또는 낙찰가의 80% 중 낮은 금액으로 대출을 받을 수 있다. 일반 매매보다 대출 한도가 더 높다. 경매를 활성화시키기 위한 일종의 혜택이다.

부동산 시장에서 경매의 목적은 정상적으로 매매가 이뤄지기 힘든 악성 물건을 깨끗이 세탁하는 것이다. 국가에서 악성 물건을 정상 물건으로 만들기 위해 법원을 중개자로 두고 경매를 진행 및 장려하는 것이다. 이것이 경락잔금대출의 한도가 큰 이유이다.

마지막으로 6번 명도 역시 무서웠다. 옛날 드라마를 보면 경매로 인해 주인공이 살던 집에서 내쫓기는 모습, 즉 명도 당하는 장면이 나온다. 대다수 일반인은 '명도' 하면 검은색 양복을 입은 험상궂은 폭력배가 먼저 떠오를 것이다. 그런 명도를 과연 내가 할 수 있을까 생

• 경매 과정

각하면 막막할 것이다.

하지만 내가 그동안 경매를 통해 낙찰받고 명도한 점유자들만 수십 명이다. 실제 명도 과정에서 상상했던 불미스러운 일은 단 한 건도 일어나지 않았다. 미리 걱정의 늪에 빠져 아무 도전도 하지 못하는 그런 상황은 피했으면 한다.

고작 용어를 잘 모르겠고, 몇 가지 진입장벽이 있다고 경매를 포기하기에는 그 과실이 너무 크고 달콤하다. 단계별로 하나씩, 일반 매매와 경매의 차이점을 파악하고 두려움을 극복하는 방법을 사례를 통해 설명하려 한다. 경매는 한 번 배워 두면 평생 써먹을 수 있는 기술이다. 모두 자기 것으로 만들어 이 강력한 무기를 장착했으면 한다.

# 부동산 피라미드의 이해

세어 보지 않아 정확히 몇 번인지는 모르겠지만, 지금까지 부동산 물건을 분석하고 임장까지 다녀온 게 수백 번은 족히 된다. 일주일에 1건 이상 물건을 꾸준히 분석한 지 9년이 넘었다. 전업 후엔 일주일에 세 네 번씩 임장을 간 적도 많다. 임장을 마치고 집에 돌아오는 길에는 조사한 물건을 복기하기도 하고, 부동산 자체에 대해 고민하곤 한다.

아파트, 빌라, 재개발·재건축, 다가구, 상가주택, 상가, 공장, 토지 등 모든 종류의 물건을 분석하고 투자해 오면서 내린 결론은, 부동산 경매를 처음 시작할 때, 부동산 종류별로 어떤 특성이 있는지 파악하고 전체적인 그림을 미리 확인하면 부동산 경매의 이해가 훨씬 유리하다는 것이다.

내가 고안한 '부동산 피라미드'는 그동안의 경험을 바탕으로, 부동산 종류별로 어떤 특성이 있는지 정리한 도식이다. 가로축은 시장 참

• 부동산 피라미드

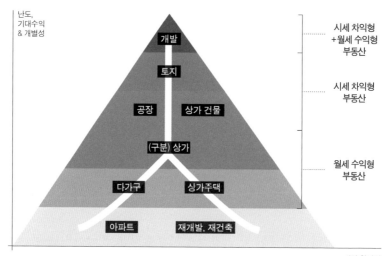

여자, 세로축은 난도와 기대 수익 그리고 개별성이다. 난도는 다른 말로 진입장벽이라고도 할 수 있다. 피라미드 형태로, 가로축에 길게 접할수록 시장 참여자가 많아지고 세로축으로 올라갈수록 난도와 기대 수익이 높아지는 구조이다.

피라미드 내부에 사람 인(人) 자를 볼 수 있다. 어떤 부동산이든, 공통적인 핵심은 사람이라는 뜻이다. 사람을 이해하면 부동산도 이해할 수 있다. 추상적으로 들릴 수도 있지만, 모든 부동산은 사람이 어떤 목적을 가지고 이용한다는 뜻이다.

예를 들어, 아파트, 다가구, 상가주택 등 주거형 부동산은 사람이 거주하기에 적절한지 여부가 가장 중요하다. 따라서 직장, 교통, 학군, 인프라(마트, 병·의원, 도서관 등), 자연(공원) 등의 요소를 확인한다. 상가는 이용객의 목적, 성향 등을 파악하면 된다. 상권을 이용하는 배후 세대의 크기, 직업, 연령, 주동선 등을 고려하면 적합 업종과 임대 시세를 판단할 수 있다.

피라미드의 상단으로 올라갈수록 각 부동산의 개별성이 강해진다는 특징도 있다. 예를 들어 아파트는 동일 평형, 구조라면 어느 정도 획일적인 면이 있다. 그만큼 시세 조사를 하기 편하다. 반면 상가는 코너 입지인지 건물 중간에 끼어 있는지에 따라 월세 차이가 크다. 입지마다 적절한 면적도 다르고 형태도 다양하다. 각 상가별로 적정 임대료를 파악하기가 그만큼 쉽지 않다.

본격적으로 피라미드를 아래에서부터 살펴보자. 피라미드의 가장 하단은 아파트와 재개발, 재건축이다. 시장 참여자가 가장 많은 분야이다. 그만큼 난도가 쉽고 기대 수익은 낮다. 최근 2~3년간 코로나 팬데믹으로 저금리와 풍부한 유동성으로 폭등했지만 다른 부동산 종류와 비교했을 때 일반적으로 수익률이 적다는 것이다. 하지만 어느 분야든 꾸준히 공부해 실력을 갈고 닦으면 큰 수익을 얻을 수 있고 아파트로 큰 부를 이룬 사람도 많다. 오해 없길 바란다.

다음 상위 단계는 월세 수익형 부동산인 다가구, 상가주택, (구분) 상가이다. 월세를 기반으로 수익률이 결정되는 부동산이다. 주택에서 나오는 월세와 상가에서 나오는 월세를 모두 포함한다. 다가구는 원룸, 투룸 등 주택에서 나오는 월세 기반 부동산이다. 상가주택은 1층은 상가, 2~4층은 주택으로 구성되어 있는 상가와 주택의 월세 조합이다. 상가는 우리가 흔히 보는 편의점, 식당, 학원과 같은 상업시설을 의미한다.

앞에서 말했듯 피라미드의 위로 갈수록 개별성이 강해지기 시작한다. 같은 평형, 같은 구조로 일반화할 수 있는 것이 아니라 다가구, 상가주택, 상가 각각의 시세가 얼마다 하고 쉽게 결론 내리기도 어려워진다. 부동산 종류별로 분석 방법이 다르기에 진입장벽이 생기고, 그것이 일반 투자와 차별점을 만든다.

그다음 상위 단계는 시세 차익형 부동산인 공장, 상가 건물, 토지이다. 이때는 토지의 면적이 가장 중요한 요소이며 평당 가격이 가치판단의 기준이 된다. 이 단계에서부터 부동산 공법을 알아야 한다. 용도지역이 무엇인지, 개발이 가능한 땅인지, 가능하다면 어떤 건축물을 지을 수 있는지 등 확인해야 할 것도 많아진다. 부동산 전문 용어가 많이 등장하면서 어려워지기 시작한다.

개별성은 더욱 커지고, 시세 파악하기가 점점 어려워진다. 진입장벽이 더욱 높아지는 만큼 시장 참여자는 줄어든다. 10억 원짜리 아파트가 두세 배 오르길 기대하기는 쉽지 않다. 토지는 다르다. 평당 100만 원 하던 땅이 400만 원, 500만 원, 1,000만 원까지 수년 내 상승하는 경우가 종종 있다.

그중 토지는 개별성이 더욱 크다. 개별성이 강해지는 만큼 난도와 기대 수익도 올라간다. 같은 지역이라도 용도지역이 다르면 토지의 가치는 달라진다. 토지의 모양, 접한 도로의 조건, 경사도, 주변 혐오

시설 유무 등 고려해야 할 사항이 더 많다. '옆 토지가 얼마에 거래되었으니 이 토지는 얼마다'라고 쉽게 판단할 수 없다.

토지의 입지에 어떤 수요가 있고 어떤 식으로 개발 가능할지에 따라 가치는 수직상승한다. 그 안목을 키우는 것이 관건이다. 당연히 하루아침에 되지는 않는다. 토지가 부동산 피라미드의 상단에 위치한 이유이기도 하다.

최종 꼭대기는 개발이다. 빈 땅에 건축물을 신축하는 것이다. 작게는 타운 하우스를 조성할 수 있고, 대단지 아파트 주출입문 앞에 상가 건물을 신축할 수도 있다. 각 토지의 입지별로 적합한 개발 형태가 다르다. 기본적으로 부동산 공법을 알아야 하며 동시에 주변 이용객들이 어떤 수요가 있는지 정확하게 파악할 수 있는 부동산 감각이 필요하다.

부동산 개발이 가장 어려운 분야임에는 틀림없다. 오케스트라 지휘자처럼 부동산 분야 전체를 아우르는 능력이 필요하다. 누구나 할 수 있는 분야가 아닌 만큼 개발 프로젝트를 진행할 때마다 다른 부동산을 압도할 만큼 기대 수익도 크다.

전체적으로 부동산 피라미드에 대해 간략하게 설명했다. 부동산 투자와 경매 공부를 하기 전에 전체 부동산 종류에 대한 그림을 머릿속에 그리고, 시간과 노력을 들여 상위 레벨로 실력을 업그레이드해 나가는 게 부동산 피라미드를 먼저 공부하는 이유이다. 일반적으로 부동산 전문가가 될수록 피라미드의 상단을 선호하는 경향이 있다. 처음에는 경매를 아파트로 시작했더라도 점점 더 큰 수익을 바라면서 토지와 토지 개발 쪽으로 눈을 돌리게 된다. 일단 처음은 쉬운 것부터 시작하면 된다. 그중 자신에게 가장 맞는 부동산을 선택해서 깊이 있는 전문가가 되길 바란다.

# 부동산 경매를
# 당장 시작해야 하는 이유

재테크 투자에는 크게 부동산, 주식, 채권 등이 있다. 채권은 상대적으로 부자들의 투자법이고, 일반인이 선택할 수 있는 옵션은 부동산과 주식이다. 나는 건설회사에 재직하다 보니 남들보다 부동산 소식을 접할 기회가 많았다. 아파트 고속도로 현장, 지식산업센터 현장 등 전국 곳곳에 진행 중인 프로젝트가 있었고 동기들이 포진해 있었다. 그들과 전국의 부동산 현황에 대해서 직접 만나 이야기를 나누거나 사내 메신저를 통해 실시간으로 듣고 보았다. 운이 좋게도 여러 정보를 자주 접하다 보니 자연스레 부동산에 눈이 뜨인 것이다.

2012년, 회사 동기들과 부동산 스터디를 만들어 공부를 시작했고, 그때 처음 경매를 배웠다. 함께 수업을 듣고 임장도 다니다가 실투자를 진행했다. 2013년 나를 포함한 세 명이 경기도 군포시에 있는 상가주택을 매입했고, 살면서 처음으로 월급 이외의 현금 흐름을 만들었다. 큰 금액은 아니었지만, 각자 100만 원씩 월세란 것을 받게 됐다. 내가 아무것도 하지 않는데 매달 돈이 들어오니 신기했다. 기분이 이상했다. '이게 부동산의 매력인가?' 싶었다.

2014년부터 약 3년간은 해외 발령으로 부동산 투자를 할 수가 없었다. 그렇다고 해외에서 마냥 일만 하면서 시간을 보낼 수는 없다는 생각에 처음으로 주식 투자를 공부했다. 2015년 첫 주식 투자를 시작했고, 지금까지 조금씩 이어가고 있다. 하지만 나의 주된 투자처는 부동산이다. 주식 투자를 병행하며 오히려 부동산이 나에게 적합한 투자라는 결론을 얻을 수 있었다.

'주식은 수동적인 투자이고 부동산은 능동적인 투자이다.' 내가 내린 주식과 부동산에 대한 정의이다. 물론 사람마다 다르게 생각할 수 있다. 나는 주식을 단타가 아닌 장기 투자로 했다. 해외의 인터넷 사정이 좋지 않아 주식 창을 쳐다보며 단타를 칠 수 있는 환경도 아니었고, 시차도 네 시간이 났다. 저평가된 주식을 사서 제 가치를 찾을 때까지 묻어 두는 게 더 낫다고 생각했다.

문제는 주가의 흐름에 내가 전혀 영향을 끼칠 수 없다는 것이다. 그저 주가의 흐름을 바라볼 뿐이었다. 투자 전후로 회사의 비전과 현재 경영 상태 등을 체크하고, 3월 주주총회에 참여해 경영진의 의견을 듣는 것이 다였다. 그 외에는 수동적으로 주가가 오르기만을 바라야 하는 그 상황 자체가 심적으로 힘들었다.

부동산은 달랐다. 내가 할 수 있는 일이 많았다. 나의 아이디어와 실행력으로 부동산의 가치를 끌어올릴 수 있다. 그 예로, 2019년 낙찰받고 명도 후 내·외부 인테리어 공사를 진행한 상가가 있다. 시세 분석 당시, 평당 임대료 5~6만 원을 받기도 어려울 것이라는 인근 공인중개사들의 의견이 있었지만 나의 생각은 달랐다.

그 지역엔 외관과 내부 화장실이 깔끔하게 수리되어 있는 상가 자체가 없었다. 해당 물건을 깨끗하게 리모델링한다면, 가치가 오를 것이라고 확신했고 실행했다. 그 결과 평당 8~9만 원에 임대를 맞출 수 있었다.

이처럼 부동산 투자는 개인이 능동적으로 계획을 세우고 실행한다면 가치를 높일 수 있는 여지가 많다. 주식 투자와의 차이점이다. 아파트, 공장, 상가 그리고 토지로 갈수록 부동산 본래의 가치를 내가 바꿀 수 있는 영역은 커진다. 특히 토지 투자의 경우, 무에서 유를 창조한다고 볼 수 있다.

나의 상상력으로 새로운 건물을 만들고 이로부터 부가가치가 창출된다. 남들과는 다른 포인트로 부동산을 업그레이드시킬 수 있다. 또는 부동산을 임대 주지 않고 내 사업과 직접 접목할 수도 있다. 무수히 많은 가능성이 존재한다. 얼마나 신나고 재밌는 일인가? 온전히 상상력과 실행력으로 가치를 높이고 더 많은 수익을 창출할 수 있음이 부동산 투자의 장점이다.

부동산이 매력적인 또 다른 이유는 정보비대칭성이 없다는 것이다. 모두가 같은 정보를 가지고 경기에 임한다. 주식은 기관과 외국인의 정보의 질과 양이 개인 투자자보다 앞선다. 정보를 얻는 시점도 빠르다. 개인 투자자도 충분히 할 수 있다고는 하지만 사실 쉽지가 않다. 나에게는 막막한 일이었다. 다른 이들도 나와 비슷하지 않을까 생각한다.

개인 투자자가 분석하고 싶은 기업에 방문한다 하더라도 IR 담당자가 성의 있게 면담해 주진 않는다. 기껏해야 공시 자료에 있는 재무제표를 보는 게 전부이다. 그 기업의 임원진이 어떤 성격인지, 직원들이 얼마나 역량 있고 열심히 하는지 사실 알기가 어렵다.

반면 부동산의 경우 등기부등본을 열람하면 매도자가 몇 년생이고 어디에 살며 언제 매입했는지까지 알 수 있다. 주변 실거래가와 현재 나와 있는 매물 정보도 인터넷을 통해 쉽게 얻을 수 있다. 부동산 시장은 주식과 다르게 기관과 외국인 세력이 없다. 개인 간의 싸움이다. 주식은 다윗과 골리앗의 싸움이라면 부동산은 모두 다윗인 셈이다. 부지런하게 임장 다니고 손품, 발품을 판다면 다른 사람보다 경쟁력이 생기는 시장이다.

마지막으로 부동산은 레버리지가 가능한 투자 형태이다. 대출을 일으켜 나의 투자금보다 훨씬 큰 자산을 가질 수 있다. 물론 주식도 가능하다. 하지만 반대 매매라는 리스크와 매달 지불해야 하는 대출 이자를 감당하기 쉽지 않다.

예를 들어, 상가를 매입한다고 가정해 보자. 보증금 2,000만 원, 월세 100만 원인 구분 상가를 2억 2,000만 원에 경매로 낙찰받았다고 하자. 대출금이 낙찰가의 80%, 대출금리가 5%라면 1억 7,600만 원이 대출되고 월 74만 원을 이자로 낸다. 실투자금은 다음과 같다.

2억 2,000만 원 - 대출금 1억 7,600만 원 - 보증금 2,000만 원 = 2,400만 원

매달 대출 이자를 제외한 월세 26만 원을 받는다. 2,400만 원으로 2억 2,000만 원짜리 상가를 매입해 매달 26만 원을 버는 투자가 가능한 것이다. 지금처럼 고금리일 때는 수익률 6% 이상 되는 물건을 경매나 일반 급매를 통해서 충분히 매입할 수 있다. 그리고 저금리가 되었을 때 수익률 5%에 맞춰 매도 가능하다. 수익률 5%로 맞춰 매도한다면 2억 6,000만 원이다.

2,400만 원을 투자해 매달 월세를 받다가 저금리 시기에 추가로 매매 차익 4,000만 원을 얻는 투자가 가능한 것이다. 부동산 시장에서는 이렇게 투자금 대비 200% 수익률을 올리는 게임이 가능하다. 10억, 20억, 100억 원대 부동산도 같은 원리로 움직인다. 월세 시세는 큰 변동이 없다는 특징이 있기 때문이다.

상가를 이용하는 사람들의 수와 형태가 변하지 않는다면 상가의 매출이 변하지 않기에 그 상가가 낼 수 있는 임대료도 흔들리지 않는 구조이다. 내가 직접 투자한 것 중에도 6억 3,500만 원에 낙찰받아 5억 원을 대출받은 상가 물건이 있다. 리모델링 비용 3,000만 원, 취등

록세 3,000만 원이라는 비용이 들어 총 원가는 약 7억 원이었다.

상가를 임대하여 보증금 9,000만 원을 회수해 실제로 나의 투자금은 1억 1,000만 원이었다. 후에는 매매 수익률에 맞춰 11억 9,500만 원에 매도했다. 대출과 보증금이라는 레버리지를 이용했기에 1억 1,000만 원을 투입해 매매 차익 5억 원을 거둘 수 있었다.

부동산은 능동적으로 부가가치를 창출할 수 있는 투자 형태이자 정보비대칭성이 없고 개인 대 개인으로 맞붙을 수 있는 시장이다. 대출을 매입가의 80%, 심지어 경매의 경우 90%까지 일으킬 수 있다. 매달 월세가 나오고 추후 매도 차익도 발생하므로 무한대 수익률을 기록할 수 있는 투자 형태이다.

사람마다 성향이 다르기에 주식이 더 좋은 사람도 있고 개인 사업이 맞는 사람도 있을 것이다. 부동산만이 정답이라고 말하는 것은 아니다. 다만, 여러 투자 형태를 모두 경험해 보니, 부동산만의 장점이 있기에 나는 부동산을 선택했고 여러분에게도 추천하는 것이다. 더구나 경매라는 제도를 이용해 부동산을 싸게 살 수 있다는 강력한 옵션도 있다.

제대로 분석할 줄 아는 안목만 있다면, 부동산은 너무나도 매력적인 재테크 방법이다. 월세 수익형 부동산((구분) 상가, 다가구, 상가주택), 시세 차익형 부동산(공장, 비도시지역 상가 건물)의 가장 핵심인 임대료가 얼마나 나올지 파악할 수 있는 눈을 키우면 된다. 그것은 절대 어렵지 않다.

# 부동산 경매를 공부하는 방법

어떤 분야든 그것을 처음 접하고 알아가는 과정은 막막하다. 어떻게 접근하고 시작해야 할지 막연한 심정일 것이다. 예를 들어 갑자기 최고급의 버섯을 재배하라고 한다면 무척 답답하지 않을까? 사 먹어 보기만 했지, 이걸 재배하라고? 그것도 최고급으로? 막막할 것이다.

안타깝게도, 지름길 같은 건 없다. 서울대 입학에 지름길이 있는가? 수업에 집중하고 다양한 문제를 풀고 오답을 확인하는 과정의 반복이다. 부동산으로 수익을 내는 길도 마찬가지이다. 다만, 이 책은 그 지루하지만 올바른 과정을 가능한 한 쉽게 시작하도록, 그리고 마침내 확실한 수익을 내도록 도울 것이다.

내가 어떤 방법으로 부동산 경매를 공부했는지 되짚어 보니, 의외로 단순했다. 부동산 관련 책을 찾아 읽고 수업을 들었으며, 스터디 모임을 만들어 뜻이 맞는 이와 함께 공부했고, 임장 가고 투자하는 것이었다. 뭔가 특별한 비법은 없었다. 그동안 읽은 부동산 재테크 책이 100권은 넘는다. 경매, 공매, 상가, 토지, 공장, 재건축·재개발 등의 수업도 40개 이상 수강했다. 스터디 모임은 9년째 지속 중이며, 임장은 300번 이상 했다. 직접 조사한 상가는 3,000여 건, 공장·토지는 500건이 넘는다. 투자 실행 건수는 경매 패찰까지 포함해 50여 건이다.

반복적으로 책, 강의, 스터디 모임, 임장, 투자하는 삶을 12년째 꾸준히 이어가는 중이다. 투자에 대한 안목이 켜켜이 쌓였음은 당연하다. 만약 10년 전으로 돌아가 부동산 공부를 다시 시작한다 해도 같은 과정을 거칠 것이다.

먼저 부동산 재테크 관련 책을 읽어 보자. 최소 50권을 목표로 한다. 이해가 안 가도 괜찮으니, 일단 닥치는 대로 책을 읽는 것이 핵심이다. 머릿속에 부동산 관련 기본 용어와 상식을 집어넣는다.

책을 어느 정도 읽은 후에는 부동산 강의를 수강한다. 물론 수강료가 부담스러울 수도 있지만, 결정적인 순간에는 수강료를 아까워하지 않는 마인드도 중요하다. 강의를 하나 듣고 그 노하우를 바탕으로 한 건을 낙찰받으면 최소 100배 이상의 수익이 난다. 100만 원 투자해서 1억 원 이상의 수익을 내는 것이다. 부동산 강의가 많은 만큼 투자 방식과 커리큘럼도 매우 다양하므로, 단순히 수업에 참석하고 듣는 것이 아니라 수업을 통해 자신이 무엇을 얻었는지 계속 확인해야 한다.

부동산 강의에는 부수적인 장점이 있다. 관심사가 비슷한 사람들을 강의장에서 만날 수 있다는 것이다. 수강료를 지불하고 강의장까지 직접 찾아올 만큼 의욕 있는 사람들이 모여 있다. 나와 뜻이 맞는 스터디 모임 멤버들을 구하기 유리한 환경이다. 요즘 추세는 강사가 주축이 되어 스터디를 꾸려 나가는 것이지만 예전에는 수강생들끼리 알음알음 모여 스터디 모임을 만들고 운영했다. 나 역시 스터디 모임에 가입해서 활동했고 도움을 받았다. 멤버 간 분석 결과를 피드백해주며 경험을 쌓았다. 모임을 통해 임장 활동과 수익률 분석, 최종 투자까지 부동산 경매와 관련한 모든 과정을 진행할 수 있다.

독서-수업-스터디-임장-투자 사이클을 반복한다. 그러다 보면 부동산 재테크 책을 읽을 시간이 줄 것이다. 읽을 책이 별로 남아 있지도 않을 뿐더러 일정 레벨 이상이 되면 시간 낭비인 경우도 생긴다. 부동산 수업도 듣다 보면 차츰 수강 빈도가 줄어든다. 이제 스터디 모임-임장-투자 사이클만 남는다. 지금부터는 이 세 가지의 무한 반복이다.

꾸준히 스터디 모임-임장-투자를 계속 한다. 혼자 공부하며 중간에 지치지 않고 포기하지 않는 사람은 사실 흔치 않다. 모임에 소속되면 피드백을 통해 내가 보지 못하는 부분을 살필 수 있고, 감정도 나누면서 투자를 지속할 수 있는 힘을 얻는다. 단, 중간에 친목 모임이나 놀자판으로 변하지 않도록 계속 주의를 기울어야 한다.

정리해 보면 부동산 공부란, 책을 읽고 수업을 듣고 스터디에 들어가 임장하고 투자하는 일련의 사이클을 반복하는 것이다. 일부 사람들은 부동산 강사만을 무턱대고 믿으며 어느 지역에 투자하면 되는지 찍어 달라고 한다. 그 강사가 나쁜 마음으로 특정 물건을 찍어 주면 어떻게 할 것인가? 해당 지역 공인중개사와 짜고 수수료를 받아챙기는 구조라면 속수무책으로 당하는 것이다. 설령 강사가 찍어 준 곳에 투자해서 수익이 났다고 해도, 다음 투자 역시 계속 그에게 의지할 것인가? 강사의 'Go' 사인이 없이는 자신의 돈을 자기 뜻대로 투자하지 못하는 상황이 발생할 수 있다.

비록 처음에는 더디겠지만 자신의 기본기를 다져야만 한다. 부동산 공부에 어떤 마법의 공식이 있을 거라 기대했다면 미안하지만, 세상에 공짜로 얻어지는 것은 없다.

다음은 내가 존경하는 우석(브라운스톤) 님의 글이다. 이 문장을 가장 잘 보이는 컴퓨터 모니터에 붙여 놓고 요즘도 매일 보며 마음을 다잡는다.


높은 산을 오르거나 장거리 트래킹을 하는 분에게 드리는 조언이 있다. 부를 향한 방법도 똑같다.

3S를 명심하고 실천해라.

Steady - 꾸준하게.

Slowly - 천천히.

Safety - 안전하게.

# 직장을 그만두고
# 공부하는 게 낫지 않을까?

정말로 직장을 다니면서 부동산에 제대로 투자할 수 있는지 물어보는 이가 많다. 정답은 '가능하다'. 내가 그런 과정을 거쳤기 때문이다. 오히려 반드시 직장 생활을 하며 부동산을 공부하라고 추천한다. 월급이 없더라도 생활할 수 있는 기틀이 마련되어 있지 않다면, 직장을 그만둬서는 안 된다. 퇴사 전, 월급 이외에 돈이 들어오는 파이프라인을 만들어 놓아야 한다. 마음 같아서야 당장 회사를 때려 치고 부동산 투자에 올인하고 싶다. 그러면 빠르게 돈이 들어오는 시스템을 마련할 수 있을 거라는 착각에 빠진다.

무턱대고 퇴사를 했다가 후회하는 경우를 종종 본다. 매달 생활비로 지출되며 줄어드는 투자금을 보면 마음이 조급해지면서 악수를 두게 된다. 투자는 심적 여유가 있는 상태에서 해야 한다. 마음이 급해지면 시간이 내 편이 아니게 된다. 시간이 갈수록 투자금이 줄어들고 마음이 급해지기 때문이다. 이런 상황에서는 올바른 투자 결정을 내리기 힘들다.

사실 직장인으로서 회사를 다니며 부동산 공부를 병행하는 것이 쉽지는 않다. 포기해야 하는 부분이 있고 가족의 동의도 필요하다. 소중한 평일 퇴근 이후와 주말 시간을 투자해야 하기 때문이다. 당분간 근무 시간 외 나에게 주어진 황금 같은 자유 시간을 오롯이 부동산 공부에 쏟아 붓는 것이다. 어떤가? 할 수 있겠는가? 적게는 하루 한 시간, 많게는 하루 종일을 부동산 공부에 투입해야 한다. 어떤 날은 회식으로 공부를 못하는 저녁이나 집안일로 스터디를 빠져야 하는 주말이 생길 수도 있다. 가끔 빼먹어도 괜찮으니 너무 부담스럽게 생각하지 않아도 된다. 빠진 시간만큼 추후 보충하면 된다.

문제는 1개월 또는 3개월 정도 했다고 성과가 바로 나타나지 않는다는 사실이다. 최소 6개월, 1년이라는 시간을 꾸준한 루틴으로 기계처럼 반복해야 한다. 그런 인고의 시간이 지나고 나면 확실히 성장한 자신의 모습을 볼 수 있다. 결코 짧지 않은 시간, 최소 6개월에서 1년 이상 꾸준히 투입해야 하기에 가족의 동의가 필요한 것이다.

나의 경우 부동산 공부하며 새롭게 알게 된 내용, 임장 가서 느낀 점, 스터디 멤버들이 관심을 가지는 지역, 물건 등을 모두 아내에게 시시콜콜 얘기했었다. 가족들과 식사하고 커피를 마실 때면 항상 부동산 스터디 상황을 공유했다. 단순히 정보를 나누는 목적이 아니라, 내가 미래를 위해 열심히 하고 있다는 것을 보여 주려는 목적이었다.

덕분에 가족의 지속적인 동의를 구할 수 있었다.

이런 대화의 시간은 투자 수익이 회사 월급을 대체할 만큼의 파이프라인이 만들어질 때까지 계속됐다. 지금도 아내와 부동산 얘기를 많이 나누고 있다. 아내도 이제는 웬만한 부동산 용어들을 알아듣고 의견을 주기도 한다.

임장도 가능하다면 가족과 함께 갔다. 예를 들면, 경기도 가평의 토지와 전원주택 주말 임장에 아내와 아들을 데리고 갔다. 가평에 가서 함께 식사도 하고, 동물원도 가서 놀다가 중간에 나만 세 시간 정도 빠져 임장을 하고 왔다. 미리 그 지역의 맛집을 찾아서, 임장과 함께 가벼운 나들이를 하는 것도 좋다.

물론 쉽지 않다. 두 마리 토끼를 잡기가 쉽겠는가? 하지만 이렇게라도 부동산 공부를 꾸준히 이어가는 게 중요하다. 평일과 주말 시간을 부동산에 할애하고 가족에게 모든 내용을 공유하며 이해를 구하자. 임장도 가끔씩 같이 다니며 가족 구성원의 역할과 부동산 투자를 동시에 진행할 수 있다.

'퇴사하고 단기간에 성과를 내야지'라는 마음으로 처음부터 과도한 시간과 노력을 투입하지는 않았으면 한다. 지쳐 나가 떨어지기 때문이다. 마라톤이라고 생각하고 스스로 감당 가능한 시간과 노력의 양을 확인하며 페이스 조절을 했으면 한다.

처음 계획보다 조금 늦게 가도 아무 문제없다. 중간에 지쳐 그만두는 것이 진짜 문제이다. 포기하지만 않는다면 당신이 꿈꾸는 경제적·시간적 자유를 분명 얻을 수 있다.

# 한눈에 파악하는 경매 절차

부동산 경매 절차는 크게 9단계로 나눌 수 있다. 입찰자 관점에서 중요한 포인트는 무엇인지 그리고 각 단계별로 진행해야 하는 일이 무엇인지 살펴보겠다.

• 부동산 경매 절차

### 1번. 경매 신청 및 경매 개시 결정

채권자가 법원에 경매 신청을 한다. 법원은 경매 신청서가 접수되면 그 신청서와 첨부 서류를 검토해서 경매 개시 여부를 결정한다. 경매 개시 결정이 나면 등기부등본에 경매 개시 결정 등기가 기입된다. 해당 부동산의 등기부등본에 경매 개시 결정 등기가 되면 일반 매매가 불가능해진다.

### 2번. 배당 요구의 종기 결정 및 공고

법원은 부동산의 매각으로 금전채권의 만족을 얻게 될 채권자와 조세·각종 공과금을 징수하는 공공기관에게 정해진 기일까지 배당 요구할 것을 공고한다. 배당 요구를 신청받는 과정이다.

### 3번. 매각 준비

물건을 현금화하기 위해 집행관에게 부동산의 현상, 점유관계, 차임 또는 보증금의 액수와 그 밖의 현황에 관해 조사하도록 명한다. 동시에 감정인에게 부동산을 평가하게 한 후 그 평가액을 참작해서 최저 매각가격을 정한다. 부동산 매각을 위해 현재 상태를 확인하고 감정가를 정하는 단계이다.

### 4번. 매각 방법 등의 지정, 공고, 통지

법원은 해당 부동산을 기일입찰의 방법으로 매각할 것인지, 기간입찰의 방법으로 매각할 것인지를 정한다. 대부분 기일입찰이다.

**매각 방법의 차이**

- 기일입찰 : 입찰자가 매각 기일에 출석해 입찰표를 집행관에게 제출하고 개찰하는 방식.
- 기간입찰 : 입찰자가 정해진 입찰 기간 내에 입찰표에 매수 가격을 기재해서 집행관에게 직접 또는 등기우편으로 제출하고 매각 기일에 개찰을 하는 방식.

법원은 매각 기일과 매각 결정기일을 정해서 이해관계인에게 통지하고 법원 게시판, 관보·공보 또는 신문이나 전자통신매체를 이용해 공고한다.

이때부터 입찰 참여자들이 바빠진다. 경매 물건에 대한 현황, 감정가, 매각 기일 등이 공고되면 이를 바탕으로 물건의 분석, 임장, 입찰가 산정의 과정을 가진다. 평균적으로 일주일에 약 1,000건의 경매 물건이 신건으로 공고된다. 1년이면 52주, 약 5만 2,000건의 물건이 경매로 진행되는 셈이다. 이 중에 관심 가는 물건을 찾아 분석을 시작한다. 분석한 물건을 직접 현장 임장 가고, 입찰하기로 결정했다면 최종 입찰가를 산정하게 된다.

## 5번. 매각 실시

부동산 경매 물건지 해당 법원에 가서 입찰하는 것이다. 기일입찰의 경우, 매각 기일에 법원에 출석해 입찰표를 집행관에게 제출하고 그날 바로 법원에서 개찰한다. 일반적으로 오전 11시까지 입찰표를 제출하고 30분 후 개찰이 이루어진다.

패찰, 즉 낙찰을 받지 못하면 입찰표와 함께 제출했던 보증금(최저가의 10%)을 돌려받고 집으로 오면 된다. 낙찰을 받으면, 입찰보증금 영수증을 받는다.

낙찰이 확정되고 입찰보증금 영수증을 받게 되면 주변에 '대출 상담사(대출 이모님)'들이 몰려오고, 대출 알선 명함을 10장 넘게 받게 된다. 이 시점부터 대출을 알아보면 된다.

## 6번. 매각 결정 절차

매각 기일(입찰일)에 낙찰자(최고가 매수신고인)가 정해지면 법원은 매각결정기일을 열어 이해관계인의 의견을 듣고 법에서 정한 매각불허가 사유가 있는지를 조사해 매각허가결정 또는 매각불허가결정을 한다. 법원의 매각허가여부의 결정에 따라 손해를 보는 이해관계인은 그 결정에 대해 즉시 항고할 수 있다. 일반적으로 매각 기일 이후 약 2주 정도 시간이 소요된다.

매각허가결정이 나면 그때부터 점유자 명도를 진행한다. 어떤 이는 낙찰받는 그날 바로 점유자와 명도 협상을 진행하기도 한다. 그런데, 나의 경우는 낙찰받고 1~2주 이후에 움직인다. 점유자가 낙찰 사실을 인지한 후 어느 정도 마음의 안정을 찾고 이후 절차를 먼저 알아보는 시간을 주기 위해서다. 명도 시작 시점에 정답은 없다. 다만, 점유자 입장에 서서 생각해 볼 필요가 있다.

일반적으로 점유자 또한 매각 기일과 낙찰 여부에 촉각을 곤두세우고 있다. 매각 기일날은 낙찰자에 대한 점유자의 적대감이 최고점일 때이다. 하루이틀 정도 점유자의 법적 지위를 스스로 살필 시간이 필요하다. 동시에 낙찰자가 언제 찾아올까 두려운 마음도 든다. 결국 낙찰자가 칼자루를 쥐고 있다는 사실을 점유자가 피부로 느끼게 된다. 매각 기일 이후 약간의 시간을 점유자에게 주고 연락을 취하는 이유이다.

## 7번. 매각 대금 납부

'5번 입찰일' 이후 대출을 알아본다. 대출 한도와 금리, 중도상환수수료 등 여러 은행의 종합적인 조건을 꼼꼼히 따져서 한 곳으로 결정한다. 은행 대출 담당자를 만나 대출 약정서를 작성하고 대출이 실행되는 날짜를 정한다. 법원에서 매각허가결정이 나고 4주 후가 매각 대금 납기일이다. 대출 실행 날짜는 매각 대금 납기일 하루나 이틀 전으로 설정한다. 잔금은 최대한 뒤로 늦추는 편이 좋은데, 대출 이자 비용을 낮추려는 의도와 매각 대금 납기일에 변수로 인해 혹시 대출 실행이 안 됐을 경우 대처할 시간이 필요하기 때문이다. 매각 대금을 납부하면 이제 진짜로 해당 부동산을 소유하게 된다.

## 8번. 소유권이전등기 등의 촉탁, 부동산 인도명령

이 절차에서 낙찰자가 신경 써야 될 부분은 딱히 없다. 매각 대금을 납부하면 법원에서 등기소로 소유권이전등기를 촉탁해 명의이전이 진행된다. 부동산 인도명령은 점유자를 명도시켜 달라는 요청을 법원에 하는 것이다. 인도명령이 인용돼야 추후 강제집행을 신청할 수 있다. 대부분 대항력이 없는 임차인, 전 소유자의 경우 인도명령을 받는다. 이 절차는 대출한 법무사에 의뢰하면 무료로 진행해 준다.

명의도 이전됐고, 대부분의 경우는 명도도 완료된 시점이다. 이제 해당 부동산 인테리어를 진행한다. 주거용 부동산의 경우에는 임대로 내놓기 위해서 인테리어가 필수이다. 상업용 부동산의 경우도 어느 정도 수리를 진행할 필요가 있다. 화장실, 외벽, 누수 여부 등 부동산을 전체적으로 다시 점검하고 필요한 부분은 비용을 들여 고친다. 인테리어가 완료된 부동산은 인근 지역 공인중개사무소에 매물(임대, 매매)로 내놓는다.

## 9번. 배당 절차

점유자가 법원에 가서 자신의 배당금을 받으러 가는 시점이다. 배당을 받는 점유자는 '낙찰자의 명도확인서'와 '인감증명서'가 필요한데, 해당 서류를 법원에 제출해야 배당금을 받을 수 있다. 낙찰자는 해당 부동산의 열쇠를 받고 각종 공과금이 정산된 이후 명도확인서와 인감증명서를 점유자에게 준다. 배당 절차는 낙찰자가 신경 쓸 게 하나도 없다.

이렇게 9단계로 부동산 경매 절차를 정리할 수 있다. 이 중에서 4~8번까지가 특히 중요한 절차이다. 각 단계별로 해야 할 중요한 일이 있지만, 막상 한 번만 해 보면 별 거 아니라는 걸 알게 될 것이다. 이후 파트에서 하나씩 자세하게 설명하겠다.

## 3 장

# 직장인의 경매는
# 달라야 한다

# 목표를 세워라.
# 1년에 1건만 낙찰받아도 연봉 이상 벌 수 있다

무슨 일을 할 때 목표를 세우는 것은 중요하다. 부동산 경매도 마찬가지이다. 여기서 하고 싶은 말은 너무 과한 목표를 잡지 말라는 것이다. 직장인으로서 1년에 1건 낙찰받는 것으로도 충분하다. 회사일과 경매를 병행한다는 것은 쉽지 않다. 처음 경매를 시작하는 상황이므로 많은 에너지가 소요되는데, 직장 업무도 당연히 잘해야 한다. 시간과 에너지를 효율적으로 분배해야 한다. 가정이 있다면 가정 역시 신경 써야 한다.

　나의 경우 앞에서 말했듯, 2012년 5월 회사 동기들과 재테크 스터디 모임을 만들어 매주 공부했다. 서울역에 있는 부동산 경매 학원에 같이 등록해서 강의를 듣고 유료 경매 사이트를 공동으로 결제해서 물건 검색도 했다. 임장도 다녔고 입찰가를 산정하기도 했다. 매주 세 시간, 일요일마다 스터디를 했고 주중에는 물건 검색과 수업 복습을 하고, 부동산 책을 읽었다. 한 주도 빠지지 않고 스터디 모임에 참석했다. 나름 치열하게 직장을 다니면서 부동산 경매 공부와 임장을 했다.

문제는 1년 동안 스터디는 했지만 입찰은 한 번도 해 보지 못했다는 것이다. 실제 돈이 나가는 일이니 입찰하고 낙찰받는 것 자체가 두려웠다. 준비가 덜 된 상태라고 생각했다. 그 당시 나는 입사 4년차, 대리였고 막 결혼을 한 상태였다.

1년을 준비해도 입찰하러 법원에 가는 게 쉽지 않았다. 보수적인 성격이기도 했지만, 입찰가 산정에 대한 확신이 부족했다. 물론 사람마다 성향이 다르고 재능도 다르다. 주변을 보면 3개월 공부하고 입찰해서 낙찰받는 사람도 있었다. 하지만 공격적인 목표를 세워 '3개월 안에 무조건 낙찰받아야지' 또는 '1년에 두 건 이상 낙찰받아야지' 하면 실패할 확률이 크다. 그만큼 현실은 만만치 않다.

직장인이고, 부동산 경매를 처음 접하는 사람이라면 1년에 1건 낙찰받는 걸 목표로 삼았으면 한다. 현실적이면서도 동기 부여가 되는 목표이다. 개인 투자금에 따라 다르겠지만 일반적으로 경매 1건을 낙찰받으면 직장인 1년 연봉 정도의 수익이 난다. 1년 투자해서 연봉만큼 벌 수 있다면 괜찮은 투자라고 본다.

1년 동안 시간과 에너지를 투입해 쌓은 실력과 경험은 오롯이 자신의 것이 된다. 그다음 1년도 꾸준히 한다면 실력과 성과는 복리로 늘어난다. 이것이 부동산 분야이다. 처음 1년은 뭔가 제대로 하고 있는지 의구심도 들고 성과도 잘 나타나지 않는다. 남들은 낙찰을 척척 잘 받아 수익을 내는 것 같은데 나만 제자리인 것 같은 생각도 든다. 조급해지고 뭐든 낙찰받고 싶어진다. 그러다 사고가 발생한다. 경매의 목적은 싸게 낙찰받아 제값에 매도하는 것인데 시세 또는 더 비싸게 물건을 낙찰받는 우를 범한다. '어떻게 그게 가능해?'라고 생각할 수 있지만 현실에서는 이런 일이 종종 발생한다.

　사람은 이성적이면서도 감성적인 동물이다. 조급한 마음이 들면, 이성을 지우고 감성을 부각해 비이성적인 투자를 하게 된다. 첫 낙찰을 고가로 받아 부동산 경매에서 손해를 보거나 큰 어려움을 겪고 이 시장을 떠나는 사람을 숱하게 봐 왔다. 그래서 첫 해 목표를 공격적으로 잡지 말라는 것이다. 1년에 1건만 해도 충분하다.

　지금 막 부동산 경매 공부를 시작했다면 경매 시장에서는 어린이도 아니다. 아기 수준이다. 이제 막 입문해서 직장 생활을 병행하며 공부하고 있다면 큰 욕심을 부리지 말고 무리하지 않는 선에서 차근차근 기초를 다지자.

　투자 그릇을 키운다는 생각으로 부동산 경매를 임했으면 한다. 수개월 내에 당장 낙찰받아 수익 내는 걸 목표로 잡지 마라. 조금 늦더라도 1년에 1건이라는 목표를 잡고 꾸준히 투자 그릇을 키우며 2년차, 3년차에 성과를 낸다고 마음먹었으면 한다.

　이 시점에서 가장 중요한 것은 꾸준함이다. 지치지 않고 오버페이스 하지 않는 선에서 시간과 에너지를 투입하며 가랑비에 옷 젖듯이 꾸준히 공부하고 분석하고 임장 다녀라. 만일 내가 부동산 경매를 시작한 지 3~4개월 만에 낙찰을 받았으면 어땠을까 상상해 본다. 아직 준비가 덜 된 상태에서 실력 이상의 성과를 낸 것이다. 그 기분에 취해 두 번째, 세 번째 낙찰에서 오히려 큰 손해를 보지 않았을까 싶다.

첫 해에 1건, 두 번째 해에 1건, 세 번째 해에 1건을 낙찰받는다고 할 때, 매년 기대되는 수익은 절대 같지 않다. 그사이 물건 보는 안목과 실력이 늘기 때문에 투자 수익 역시 복리로 불어난다. 꿈에 그리던 퇴사가 현실적으로 가능해진다. 직장 눈치를 보지 않는 자신을 발견하게 되고, 퇴사 시기가 코앞에 왔음을 느낀다. 내가 그랬다.

# 일반 물건만 봐도
# 충분한 수익을 얻을 수 있다

경매 물건은 크게 두 가지로 나눌 수 있다. 일반 물건과 특수 물건이다. 일반 물건은 권리 분석이 쉽고 명도에 문제가 없는 물건이다. 초보자도 쉽게 접근할 수 있고, 분석할 때 따질 것이 적은 편이다.

특수 물건은 일반 물건 대비 권리 분석과 명도가 더 어려울 수 있다. 특수 물건은 선순위 임차인, 유치권, 지분, 법정지상권 등 네 가지의 경우가 있다. 물론 경매 초보자도 특수 물건을 분석하고 수익을 낼수도 있다. 특수 물건의 허점을 파악해서 수익을 창출하는 것이다.

하지만 직장인이며 경매를 처음 시작한 상황에서는 일반 물건에 집중했으면 한다. 경매의 대부분이 일반 물건이다. 그중에도 수익을 낼 수 있는 물건이 많다.

평균적으로 일주일에 약 1,000건, 1년에 약 5만 건의 경매 물건이 시장에 쏟아진다. 그중 90% 이상이 일반 물건이다. 나머지 10%가 특

• 경매 물건 중 일반 물건과 특수 물건의 비율

전체 경매 물건
(1년 약 5만 건)

일반 물건(90%)

특수 물건
(10%)

- 선순위 임차인
- 유치권
- 지분
- 법정지상권

수 물건이다. 약 4만 5,000건의 경매 물건은 권리 분석과 명도에 아무 문제가 없는 쉬운 물건이라는 소리다.

물론 특수 물건이라고 해서 모두 문제 있는 물건은 아니다. 자세히 분석하면 일반 물건화시킬 수 있는 것이 꽤 많다. 허위 선순위 임차인을 파악하는 방법, 유치권 성립을 깨는 방법, 지분 물건을 해결하는 방법, 법정지상권 파훼법이 존재한다. 그러나 이런 분석은 경매에 대한 걸음마를 떼고 난 이후 시작해도 늦지 않다.

굳이 복잡하고 위험이 숨어 있는 특수 물건에 손대서 리스크를 높일 필요가 있을까? 시간이 지나 경매 내공이 쌓이면 그때 특수 물건에 도전해도 된다. 어떤 이는 특수 물건을 공략해야 돈을 번다고 한다. 틀린 말은 아니다. 특수 물건은 리스크가 높은 만큼 더 큰 돈을 벌 확률이 높다. 그러나 일반 물건으로도 수익을 충분히 낼 수 있다. 일반이냐 특수냐, 그게 중요한 것이 아니다. 좋은 물건을 잘 골라서 적정 가치보다 싸게 낙찰받는 것이 가장 중요하다.

그렇다면 특수 물건을 추천하지 않는 이유는 무엇일까? 나의 경우, 전업투자자이므로 매일 업데이트되는 물건을 일반 물건, 특수 물건 가리지 않고 신문 보듯이 쭉 훑는다. 그중 입지가 좋고 물건이 좋으면 클릭해서 좀 더 검색한다. 물건 자체가 우선이고 일반이냐 특수냐는 후순위이다.

특수 물건의 경우 일반 물건보다 분석하는 데 시간이 더 많이 소요된다. 특히 선순위 임차인의 경우 탐정놀이를 하듯 살펴봐야 한다. 실제 임장을 가서 탐문도 해야 하고 증거 자료가 필요할 때도 있다. 일반화할 수 있을 거라 생각해서 파고들었던 물건이 진짜 특수 물건일 때도 있다. 그럴 경우 시간 낭비를 한 셈이다. 그래서 정말 A급 물건이 아닌 경우에는 지금도 특수 물건을 깊이 있게 조사하진 않는다. 지분, 법정지상권의 경우는 투자금 회수 기간이 오래 걸린다는 단점이 가장 크다. 대신 빨리 수익을 낼 수 있는 일반 물건에 초점을 맞춰 투자금의 회전율을 높이는 전략을 취하고 있다.

경매를 처음 시작하는 분이라면 일반 물건 위주로 검색하고 분석하며 수익을 내는 전략을 선택해라. 경매를 쉽게 하자는 것이다. 경매에 도전하는 데 있어 가장 큰 진입장벽인 권리 분석과 명도가 쉬워진다. 권리 분석의 경우 3분이면 끝난다. 명도도 이사비를 주지 않거나 소액을 주고 완료할 수 있다. 일반 물건은 낙찰자에게 절대적으로 유리한 상황이기 때문이다.

또한 일반 물건은 권리 분석과 명도가 상대적으로 쉽기에, 부동산 자체의 가치 분석에 초점을 맞출 수 있다. 물건을 분석하고 시세를 파악해서 적정 가치를 매기는 데 시간과 에너지를 집중하는 것이다. 직장과 병행하며 없는 시간을 쪼개서 경매 투자를 하는 직장인에게 적합한 방법이다. 본질에 집중하고 쓸모없는 곁가지를 쳐내며 단순한 경매를 해라. 진짜 중요한 건 부동산 물건 자체에 대한 가치 판단이다.

생소한 단어들이 나와서 '무슨 말이지?' 의구심이 들며 잘 읽히지 않을 수 있다. 괜찮다. 이런 용어들도 있구나 정도로 여기고 넘어가면 된다. 경매 시장에 남는다면, 자연스레 친숙해질 내용이다.

# 잘 아는 지역의 물건부터 검색하라

집은 서울인데 다른 지역 경매 물건이 마음에 들 수 있다. 예를 들면, 제주도 바닷가에 있는 단독 주택 물건의 감정가가 3억 원이다. 제주도에 별장 하나쯤 갖고 싶은 게 모든 이의 로망이니, 관심이 갈 것이다. 상상의 나래를 편다. 인테리어 후 평소에는 한 달 살기 숙소로 현금 흐름을 만들고 1년에 한두 번은 나만의 숙소로 활용하는 계획을 세운다. 생각만 해도 설렌다.

하지만 현실적인 문제가 있다. 우리는 직장을 다니며 경매하는 상황이다. 물건 조사 및 시세 분석을 위해 최소 하루를 투자해야 한다. 입찰하기 위해서 또 하루가 필요하니 최소 이틀이 소요된다. 운이 좋아 입찰일이 월요일이라면 주말에 제주도에 가서 시세 조사를 하고, 월요일 오전에 입찰하고, 그날 오후 비행기로 서울에 복귀할 수 있다. 이 경우 연차를 하루만 쓰면 되지만, 흔치 않다. 공인중개사무소 역시 일요일은 쉰다. 토요일도 격주로 운영한다. 조건이 녹록지 않다. 의지만 있다면 뭔들 못하겠느냐마는 글쎄다. 효율적이지 않다.

나의 전 직장은 건설회사로, 서울 본사에서 근무할 때도 있었고, 지방과 해외 현장을 돌아다닐 때도 있었다. 2018년 1월부터 2019년 3월까지 충남 서산 발전소 현장에서 근무했다. 집은 서울에 있는 주말부부였지만, 2주에 3일 쉬는 근무 형태라 매주 서울로 가는 것도 부담스러워 아내와 아들이 서산으로 올 때도 있었다.

당시 서울의 경매 물건은 사실상 임장하기가 쉽지 않았다. 평일 퇴근 후 임장할 수 있는 서산이나 인근 당진, 태안 물건을 중점적으로 검색했다. 모두 서산 숙소에서 차량으로 40분 이내로 갈 수 있는 지역이다. 지금도 보유 중인 충남 당진의 다가구 물건은 이때 낙찰받은 것이다.

당진 다가구 물건을 낙찰받은 날, 정말 기뻐서 뭐든 다 성공할 것 같았다. 의욕이 충만했다. 낙찰일은 수요일이었다. 그날은 입찰을 위해 연차를 썼고 목요일은 쉬는 날이어서, 정오쯤 서울 집으로 갈 계획이었다.

불현듯 포항에 있는 관심 물건이 생각났다. 이 기세를 몰아 포항 물건까지 임장할 수 있을 것 같았다. 서산 법원에서 포항 물건지까지 차량으로 3시간 30분 정도 소요되는 걸 확인하고 점심도 거른 채 고속도로를 탔다. 점심은 고속도로 휴게소에서 해결했는데 얼마나 마음이 들뜨고 급했던지 신용카드를 잃어 버리기까지 했다.

설상가상 포항 물건은 별로였다. 사진으로 봤던 물건지와 현장에서 느껴지는 물건의 매력도는 사뭇 달랐다. 시세 조사도 충분히 못 한 상태였다. 막무가내로 현장을 방문한 셈이다. 내가 포항에 왜 왔는지 후회도 되고, 서울에 갈 생각을 하니 막막했다.

낮 12시에 서산에서 출발해 포항에 4시 30분쯤 도착했다. 임장을 하고 나니 6시 30분이었고, 다시 운전해서 서울 집에 도착하니 자정이 다 된 시간이었다. 무척이나 피곤했던 기억이 난다. 사람이 할 짓이 아니라는 생각이 들었다. 이런 식으로는 투자를 오래 못 할 거라고 직감했다.

이렇듯 부동산 경매를 이제 시작한 직장인들이 물건을 전국구로 보게 된다면 빨리 지칠 것이다. 실수할 가능성도 커진다. 자신이 잘 모르는 동네를 분석하기란 어려운 일이다.

지금 나는 전업 투자자이다. 즉, 시간을 마음대로 쓸 수 있는 상황이다. 하지만 거주지인 수도권을 제외한 지방 물건을 투자할 때는 지금도 신중하다. 임장에 하루, 입찰에 하루, 적어도 이틀이 소요되기에 전업 투자자인 지금도 쉽지 않다. 하물며 직장인에게는 더욱 어려운 일이다. 현실적으로 한 번은 할 수 있겠지만 주기적으로 직장과 집에서 멀리 떨어진 물건을 조사하고 입찰하는 건 불가능하다.

몇 번이나 강조하지만 부동산 경매 투자는 오래 할수록 빛이 나는 분야이다. 지치면 안 된다. 지치면 오래 할 수 없다. 효율적으로 접근해야 한다. 직장인이 전국구로 물건을 투자하면 활활 타오르는 불꽃처럼 타올랐다가 금방 꺼질 수 있다. 인간은 로봇이 아니기 때문이다. 의욕이 넘친다고 전국구로 돌아다니며 체력을 갉아먹지 마라.

자신이 잘 아는 지역, 쉽게 임장하고 조사할 수 있는 지역 위주로 경매를 시작해라. 그것만 해도 충분하다. 다시 한번 강조하지만, 1년에 1건 정도 낙찰받는 것으로 충분하다. 1건으로 연봉만큼 벌 수 있다. 그렇게 하나씩 경험을 쌓으면서 시작하면 된다.

# 내 집 마련 vs 수익 파이프라인?
# 경매 목적을 명확히 해라

부동산 경매 물건의 종류는 빌라, 오피스텔, 아파트, 다가구, 상가주택, 상가, 지식산업센터, 공장, 토지 등 매우 다양하다. 이를 다시 크게 두 가지로 나누면 '주거 목적'과 '월세'이다. 직장인인 당신이 경매 투자를 시작한다고 할 때, 가장 먼저 할 것은 1순위를 어떤 부동산으로 할지 정하는 일이다. 내 집 마련을 주목적으로 할지, 수익 파이프라인을 위한 월세 세팅이 우선인지 결정해야 한다.

부동산에 따라 분석하는 방법이 조금씩 다르다. 아파트와 상가를 똑같이 분석할 수는 없다. 요리로 비유하자면 매운탕과 볶음밥의 조리법이 다른 것과 동일하다. 각자의 상황에 맞게 어떤 부동산 종류를 먼저 접근할지 정하고 그에 맞는 방법으로 경매를 시작해야 한다. 내 집 마련이 우선이라면 살기 좋은 지역의 아파트, 빌라를 분석하는 방법을 배우고, 월세 세팅이 필요하다면 적정 임대료가 얼마일지 분석하는 방법을 중점적으로 연습해야 한다.

나의 경우, 월세 세팅이 1순위였다. 월급 대신 월세를 만들어 퇴사하고 싶었기 때문이다. 따라서 공부도 상가주택, 다가구, 상가 순서로 했다. 물론 막연히 두려운 마음도 있었지만, 진입 장벽이 높은 만큼 나에게 어렵다면 다른 사람에게도 똑같이 어려울 거라고 생각했다. 남들과는 다른 차별점을 갖고 싶었다. 돌이켜 보면 그 당시 상가를 먼저 공부했던 건 잘한 결정이라고 생각한다. 어려운 문제를 먼저 풀고 나니 나머지는 쉬워 보이는 느낌이었다.

경매를 처음 접하는 직장인이라면, 특히나 주거형 부동산과 수익형 부동산을 동시에 공부하는 건 쉽지 않다. 요리 초보가 두 가지 요리를 동시에 한다고 볼 수 있다. 미리 끓여 놓고 다시 데우면 되는 매운탕을 먼저 만들어 놓고 볶음밥 요리를 시작하는 게 현명하다. 부동산 경매도 마찬가지다. 먼저 공부하고 싶은 분야를 정하고 하나씩 정복해 나가면 된다. 한꺼번에 두 가지, 세 가지를 동시에 정복하겠다고 덤비지만 않으면 된다.

부동산 경매가 쉽다고 말하는 것이 아니다. 그렇다고 어렵다고 말하는 것도 아니다. 무슨 말인지 헷갈릴 것이다. 각자의 재능이 다르기에 누군가에게는 쉬울 수도 있고 누군가에게는 어려울 수도 있다는 뜻이다. 천부적인 재능이 있는 게 아니라면, 그리고 직장인이라면 처음부터 여러 분야를 도전하지 말고 한 가지씩 마스터해 나갔으면 한다. 내가 그러했듯이 말이다.

# 임장 목표는 1년에 50번

현실적으로 봤을 때, 1년 동안 개인이 분석할 수 있는 부동산 물건이 몇 개나 될까? 그중 직접 임장까지 가는 물건은? 부동산 경매를 처음 시작한 시점에는 의욕이 넘쳐 일주일에 세네 건씩 물건을 디테일하게 분석하고 그중 두세 군데 임장을 다녀온다. 일반적인 패턴이다. 한 달, 길면 두 달 정도 열심히 한다. 그동안 낙찰까지 받는 경우는 열에 한둘이다. 나머지는 패찰만 계속한다. 그리고 '경매로 낙찰받기 힘들다', '경매는 돈이 안 된다' 등등 여러 이유를 대며 이 시장을 떠난다.

누구나 처음에는 의욕이 넘친다. 지금 당장 공부한 내용을 실전에서 써먹고 수익을 내고 싶어 한다. 뭐든 다 할 수 있을 것 같고 곧 부자가 될 것 같다. 책을 읽고 강의를 들어 보면 쉽게 느껴지기 때문이다. 사실 쉬운 게 맞다. 절대 어렵지 않다. 누구나 꾸준히 노력하면 이룰 수 있는 성과이다. 그런데 왜 마음처럼 잘 안 될까?

라면 끓이기와 비슷하다. 라면 조리법을 확인하고 물이 끓을 때까지 기다린다. 스프와 라면사리를 넣는다. 기호에 따라 계란, 파, 고추를 더 넣을 수 있다. 면발을 잘 저어 주며 좀 더 기다린다. 이게 라면 조리법의 끝이다. 정말 쉽고 간단한 과정이다.

여기서 키 포인트는 물이 끓을 때까지 기다려야 한다는 것이다. 물이 아직 끓지 않았는데 스프와 라면사리를 넣는다고 라면이 되진 않는다. 일정 시간 동안 열에너지를 충분히 공급해야 물이 100℃에 도달한다. 찬물에서는 절대 라면이 익지 않는다. 부동산 경매도 마찬가지다. 절대적인 시간과 에너지를 투입해야 수익으로 연결된다. 부동산 책을 몇 권 읽고, 강의를 몇 개 듣고, 물건 분석을 몇 건 해 본 뒤 낙찰받아 몇천만 원, 몇억 원의 수익을 기대한다. 물도 끓기 전에 라면을 먹고 싶어 하는 것과 동일하다.

사람마다 재능이 다르고 이전에 부동산을 접한 경험도 다 다르다. '1년만 준비하면 누구나 부동산 경매로 안정적인 돈을 벌 수 있다'라고 공언할 수는 없다. 하지만 나의 경험상 특별한 재능이 없고 부동산을 처음 접한 사람의 경우 일주일에 1건, 1년에 50건 정도의 물건을 분석하고 임장을 다니면 충분하다. 라면으로 치면 물이 끓는 시간을 기다린 것이다. 부동산 경매로 수익을 얻을 수 있는 실력을 갖출 만큼 충분한 시간과 에너지를 투입했다는 뜻이다.


1년 52주 중 설, 추석 연휴를 한 주씩 빼고 50주 동안 꾸준히 임장 다니는 걸 목표로 하자. 오히려 공부를 처음 시작한 한두 달 동안 물건 10건, 15건을 분석하고 임장 다닐 수는 있다. 계속 말하지만 초반에는 의욕이 넘치기 때문이다. 반대로 50주 동안 50건의 물건을 조사하는 건 쉽지 않다. 꾸준함이 필요한 일이다. 라면 물이 끓기 위해서는 일정 시간이 필요하다. 부동산 경매도 마찬가지다. 여기서 중요한 건 꾸준함이다.

주변을 살펴보면, 부동산을 좀 한다는 사람이라도 물건을 임장까지 마친 횟수가 50건 이상인 경우는 의외로 드물다. 확인해 봐라. 아파트 50건, 다가구 50건, 상가 물건 50건, 상가주택 물건 50건, 토지 50건 등 자신이 목표로 하는 부동산 특정 분야의 물건을 이만큼 임장다닌 사람은 정말 흔치 않다. 만일 당신이 그걸 해낸다면 어디 가서도 그 분야의 전문가라고 말할 수 있다.

매주 숙제를 한다고 생각하면, 건강한 긴장감과 의무감이 생긴다. 직장 다니면서 자투리 시간을 활용해 매주 1건의 물건 분석과 임장을 하는 것이다. 누군가는 15건 정도하면 감이 올 것이고, 어떤 이는 30건 정도를 해야 조금 자신감이 생길 것이다. 하지만 분명한 것은 1년 동안 매주 쉬지 않고 물건 분석을 했다면, 무조건 성공한다. 최소 연봉만큼 수익을 낼 수 있다.

직장에서 월급을 받기 위해서 매주 5일을 출근한다. 1년으로 따지면 약 250일을 출근해서 연봉을 받는다. 부동산은 1년 50건이면 연봉만큼 수익을 얻는다. 남는 장사가 아닌가?

매주 1건의 습관이 당신의 인생을 바꿀 것이다. 1년에 50건만 해도 충분히 잘하는 것이다. 물이 펄펄 끓어 넘칠 정도이다. 이 과정을 거치는 동안 가시적인 성과와 수익이 뒤따라오는 것을 그동안 숱하게 봤다. 준비된 자에게 기회가 온다. 매주 포기하지 않고 조사하다 보면 좋은 물건을 보는 눈이 생기고 수익으로 연결할 수 있는 기회를 얻는다. 물건 분석과 임장을 놀이라 생각하고 매주 하나씩 본인의 실력을 업그레이드하는 발판으로 삼았으면 한다.

# '임장 한 번에 100만 원 번다', 성과를 가시화하면 지치지 않는다

임장 한 번에 100만 원? 무슨 말인지 궁금할 것이다. 한마디로 말해 임장 한 번을 제대로 가면 100만 원을 버는 것과 같은 효과가 있다는 뜻이다. 정확히 누가 한 말인지는 기억나지 않지만, 경매를 막 시작했을 때, '임장 한 번 가면 100만 원을 번다'라고 생각하니 내가 당장 하는 모든 행동이 돈 버는 일처럼 느껴져서 임팩트 있었다. 충분히 그럴 수도 있지 않을까라는 생각도 들었다. 그리고 이걸 나만의 '의욕 부스터'로 사용하기 시작했다.

평일에는 도저히 시간이 나지 않았다. 아침 6시 30분, 출근을 위해 집에서 나와야 했고 퇴근은 저녁 7시만 되어도 이른 편이었다. 매일 오전 5시에서 5시 30분 사이 기상했기에 늦어도 밤 11시 전에는 자야 했다. 평일 임장은 불가능한 스케줄이었기에 주말을 적극 활용해야 했다.

하지만 주말이면 쉬고 싶은 게 사람 마음이다. 이번 한 번은 재충

전을 위해 눈 감고 쉬고 싶다는 핑계로 놀고 싶었다. 그럴 때마다 마음을 다잡아 준 말이 '임장 한 번에 100만 원 번다'였다. 집에서 쉬고 있으면 돈을 쓰는 셈이지만, 임장 나가면 100만 원을 번다고 생각했기에 무거운 몸을 이끌고 임장을 다녔다. 일종의 자기 최면이었다. 어떻게든 몸을 집 밖으로 나가게 하는 효과는 확실했다. 일단 밖에 나오면 뭐라도 하는 건 쉽다. 그렇게 매주 한 건씩 물건 분석하고 임장을 다니는 습관을 갖게 되었고 지금까지 이어지고 있다.

돌이켜 보니 '임장 한 번에 100만 원 번다'는 말은 사실이 아니었다. 100만 원이 아니라 500만 원, 1,000만 원의 가치가 있었다. 지금까지 임장을 수백 번 다녔다. 정확한 횟수는 잘 모르겠지만, 지금도 한 주에 1건 이상의 임장은 꼬박꼬박 다니고 있으니 수년 내 1,000번 임장을 넘길 것 같다.

임장을 100번 정도 했을 때 부동산으로 10억 원 이상을 벌었다. 임장 한 번에 1,000만 원을 벌었다고 계산할 수 있다. 그렇다면 임장 1,000번을 했을 때는 과연 얼마를 벌 수 있을까? 지금과 같은 패턴이면 100억 원이다. 부동산 임장 100번 한 사람과 1,000번 한 사람의 부가가치가 같지는 않을 것이다. 임장 1,000번 한 사람의 1번 임장의 부가가치는 1,000만 원이 아니라 5,000만 원, 1억 원은 되지 않을까?

부동산 초보인 경우, 임장 한 번의 가치가 100만 원이라고 본다. 임장을 한 번 나갈 때마다 전에는 안 보이던 하자가 눈에 보이고, 얼마에 낙찰받아야 수익을 낼 수 있을지, 어떤 방식으로 부지를 활용할 수 있을지 머릿속에 그림이 그려진다. 1년 꼬박 50번을 하면 5,000만 원을 벌었다고 볼 수 있다. 물론 그사이 실제 수익으로 연결된 사람도 있을 것이고 아직 실력으로만 내재된 사람도 있을 것이다. 그러나 물건 분석을 하고 임장까지 다니는 것이 실제로 가치가 있다는 사실을 알았으면 한다. 지금 당장 눈에 보이는 수익으로 연결되지 않더라도 투입된 시간과 노력은 배신하지 않는다. 중간에 포기하지만 않는다면 가시적인 성과로 반드시 보상되리라고 보장한다. 내가 그 경험을 했기에 자신 있게 얘기할 수 있다.

'복리의 위대함'이라는 말을 들어봤을 것이다. 시작할 때는 같더라도 단리와 비교하면 기하급수적으로 수가 증가한다. 부동산 경매 분야도 마찬가지로 복리의 법칙이 적용된다. 꾸준히 시간과 에너지를 투입하면 어느 임계점부터 복리의 혜택을 받는다. 처음에는 임장이 100만 원이고 심지어 수익으로 연결되지 않을 수도 있다. 임장 횟수가 너무 적다면 말이다. 하지만 임장을 10번, 30번, 50번, 100번, 300번, 500번, 1,000번….하면 할수록 실력과 수익은 복리의 마법처럼 늘어난다. 시간이 지나면 사라지는 능력이 아니라 평생 써먹을 수 있다는 점도 기억했으면 한다.


그동안 부동산 시장에 있으면서 수없이 많은 사람을 봐 왔다. 대부분 중간에 지쳐 그만두었다. 그분들과 나의 차이점은 단 하나, 성과를 가시화했다는 것이다. 지치고 힘들었지만 임장을 계속 다녔다.

100만 원을 버는 중이라고 자기 최면을 걸었다. 그분들보다 머리가 좋았던 것도 아니고 재능이 있었던 것도 아니다. 나의 노력을 돈으로 치환해 마음을 다잡았던 게 유일하게 다른 점이었다.

지금부터 임장 한 번 갈 때마다 돈을 번다는 마인드로 임했으면 한다. 그 작은 마음가짐 하나가 추후 큰 차이를 만든다. 명심하고 실천해서 부동산 시장에서 오랫동안 만났으면 한다.

## 4장

# 물건 분석 : 잘 아는 지역부터
# 시작한다

# 물건 검색은 전문 사이트에서 시작해
# 시간을 아껴라

부동산 경매의 첫 번째 절차는 '물건 검색'이다. 경매로 나온 부동산 물건 중 분석하고 임장할 것을 선택하는 과정이다. 시장에 매일 쏟아져 나오는 많은 물건 중 관심 가는 물건을 찾는 것이라고 보면 된다. 우선 그 시장은 어디이고 어떻게 이용할 수 있는지 알아야 한다. 크게 두 가지 방법이 있다.

## 1. 대한민국 법원 법원경매정보

법원에서 운영하는 사이트로 경매 물건의 주요 공급자라고 이해하면 된다. 이 사이트에 대한민국의 모든 경매 물건에 대한 정보가 공고된다. 법원에서 운영하기에 가장 신뢰도 높은 사이트이다. 이용료도 없다.

다만, 물건의 등기부 현황, 임차인 현황 등 우리가 확인해야 할 정보가 깔끔하게 정리되어 있지 않다. 스스로 등기부등본을 발급받아

• 대한민국 법원 법원경매정보 사이트

권리 분석을 하고 법원의 현황조사서, 감정평가서 등 여러 서류를 확인하며 임차인 현황을 정리해야 한다. 예상 배당액에 대한 정보도 없어서 스스로 배당표를 계산해야 하는 불편함이 있다.

## 2. 경매 유료 정보 사이트

대표적으로 '옥션원(www.auction1.co.kr)', '지지옥션(www.ggi.co.kr)', '탱크옥션(www.tankauction.com)' 등이 있다. 나는 세 개의 사이트를 모두 사용해 봤는데, 큰 틀에서는 거의 동일한 정보를 제공하니 취향에 맞게 선택하면 된다. 유료 사이트에서는 '대한민국 법원 법원경매정보' 사이트와는 다르게 등기부 현황과 임차인 현황 정리를 대신해 준다. 덕분에 권리 분석이 매우 간단해지고 시간도 적게 소요된다.

- 경매 유료 정보 사이트(옥션원, 지지옥션)

- 경매 유료 정보 사이트의 등기부 현황

- **임차인현황** ( 말소기준권리 : 2020.09.10 / 배당요구종기일 : 2022.11.28 )

| 임차인 | 점유부분 | 전입/확정/배당 | 보증금/차임 | 대항력 | 배당예상금액 | 기타 |
|---|---|---|---|---|---|---|
| 전○○ | 주거용 | 전입일자: 2019.10.24<br>확정일자: 미상<br>배당요구: 없음 | 미상 | | 배당금 없음 | |
| 기타사항 | ☞현장에서 임차인의 부 전○○을 면담하여 점유관계를 확인하였고, 그에게 권리신고 및 배당요구신청 안내문을 교부함<br>☞위 사람을 임차인으로 기재하였음<br>☞위 임차인의 부 전○○온 자세한 임대차관계는 법원에 직접 밝히겠다고 함<br>☞전○○(은) 전입일상 대항력이 있으므로, 보증금있는 임차인일 경우 인수여지 있어 주의요함 | | | | | | |

- **등기부현황** ( 채권액합계 : 1,596,795,312원 )

| No | 접수 | 권리종류 | 권리자 | 채권금액 | 비고 | 소멸여부 |
|---|---|---|---|---|---|---|
| 1(갑2) | 2009.04.30 | 소유권이전(매매) | 이○○,정○○ | | 거래가액:810,000,000,<br>각 1/2 | |
| 2(갑3) | 2018.10.11 | 정○○지분전부이전 | 이○○ | | 증여, 1/2 | |
| 3(을27) | 2020.09.10 | 근저당 | (주)코○○○○스대부 | 465,000,000원 | 말소기준등기 | 소멸 |
| 4(을32) | 2020.12.30 | 근저당 | (주)코○○○○스대부 | 300,000,000원 | | 소멸 |
| 5(을33) | 2021.05.14 | 근저당 | (주)코○○○○대부 | 400,000,000원 | | 소멸 |
| 6(을35) | 2022.06.28 | 근저당 | 나○○ | 150,000,000원 | | 소멸 |
| 7(갑4) | 2022.08.30 | 가압류 | 케이비캐피탈(주) | 92,521,986원 | 2022카단816535 | 소멸 |
| 8(갑5) | 2022.09.13 | 가압류 | (주)케이비국민카드 | 20,389,444원 | 2022카단62682 | 소멸 |
| 9(갑6) | 2022.09.15 | 가압류 | 한국씨티은행 | 138,179,088원 | 2022카단33883 | 소멸 |
| 10(갑7) | 2022.09.23 | 임의경매 | (주)코○○○○스대부 | 청구금액:<br>222,967,501원 | 2022타경58341 | 소멸 |
| 11(갑8) | 2022.11.14 | 가압류 | 국민은행 | 16,448,869원 | 2022카단63541 | 소멸 |
| 12(갑9) | 2022.11.16 | 가압류 | 하나은행 | 12,255,925원 | 2022카단823751 | 소멸 |

    가장 좋은 부분은 경매 참여자의 시간과 수고로움을 줄여 준다는 것이다. 권리 분석의 핵심인 '말소기준권리'와 임차인의 대항력 유무

를 알려 준다. 단, 매우 낮은 확률이지만 간혹 잘못된 정보가 올라와 있기도 하다. 사람이 하는 일이기에 실수가 발생하는 것이다. 따라서 입찰까지 진행할 물건이라면 본인이 직접 등기부등본을 열람해서 말소기준권리를 찾는 권리 분석을 직접 할 필요가 있다. 임차인의 대항력 유무도 본인이 다시 확인해야 한다. 법원 사이트에서 매각물건명세서와 현황조사서가 최신 업데이트 사항인지 최종적으로 점검하면 된다.

사이트에서 찾은 물건을 분석하고 임장 이후 실제 입찰까지 진행하는 비율은 높지 않다. 시간을 효율적으로 사용하기 위해 유료 사이트에서 정리한 자료를 적극 활용하는 것이다.

● 경매 유료 정보 사이트의 예상 배당표

· 예상배당표

| | | 매각부동산 | 충청남도 당진시 ○○ 건물전부. 토지지분 |
| | | 매 각 대 금 | 금 788,000,000원 |
| | | 전경매보증금 | 금 0원 |
| | | 경 매 비 용 | 약 8,545,000원 |
| | | 실제배당할금액 | 금 779,455,000원 (매각대금 + 전경매보증금) - 경매비용 |

| 순위 | 이유 | 채권자 | 채권최고액 | 배당금액 | 배당비율 | 미배당금액 | 매수인인수금액 | 배당후잔여금 | 소멸여부 |
|---|---|---|---|---|---|---|---|---|---|
| 0 | 주택소액임차인 | 주○○ | 40,000,000 | 17,000,000 | 42.50% | 23,000,000 | | 762,455,000 | |
| 0 | 주택소액임차인 | 김○○ | 45,000,000 | 17,000,000 | 37.78% | 28,000,000 | | 745,455,000 | |
| 0 | 주택소액임차인 | 윤○○ | 45,000,000 | 17,000,000 | 37.78% | 28,000,000 | | 728,455,000 | |
| 0 | 주택소액임차인 | 우○○ | 35,000,000 | 17,000,000 | 48.57% | 18,000,000 | | 711,455,000 | |
| 0 | 주택소액임차인 | 이○○ | 45,000,000 | 17,000,000 | 37.78% | 28,000,000 | | 694,455,000 | |
| 0 | 주택소액임차인 | 김○○ | 45,000,000 | 17,000,000 | 37.78% | 28,000,000 | | 677,455,000 | |
| 0 | 주택소액임차인 | 지○○ | 35,000,000 | 17,000,000 | 48.57% | 18,000,000 | | 660,455,000 | |
| 0 | 주택소액임차인 | 우○○ | 3,000,000 | 3,000,000 | 100.00% | | | 657,455,000 | |
| 1 | 근저당(신청채권자) | 서산새마을금고 | 312,000,000 | 312,000,000 | 100.00% | | 0 | 345,455,000 | 소멸 |
| 2 | 근저당(신청채권자) | 서산새마을금고 | 208,000,000 | 208,000,000 | 100.00% | | 0 | 137,455,000 | 소멸 |
| 3 | 확정일자부주택임차인 | 김○○ | 28,000,000 | 28,000,000 | 100.00% | | 0 | 109,455,000 | 소멸 |
| 3 | 확정일자부주택임차인 | 이○○ | 90,000,000 | 90,000,000 | 100.00% | | 0 | 19,455,000 | 소멸 |
| 3 | 확정일자부주택임차인 | 문○○ | 55,000,000 | 19,455,000 | 35.37% | 35,545,000 | 0 | | 소멸 |
| 4 | 확정일자부주택임차인 | 정○○ | 60,000,000 | 0 | % | 60,000,000 | 0 | | 소멸 |

• 경매 유료 정보 사이트의 임차인 보증금 예상 배당액

**• 임차인 보증금 예상 배당액**

(금액단위:원)

| No. | 권리종류 | 임차인 | 보증금액 | 배당금액 | 배당비율 | 미배당금액 | 매수인 인수금액 | 소멸여부 | 비고 |
|---|---|---|---|---|---|---|---|---|---|
| 1 | 주택임차인 | 김○○ | 45,000,000 | 45,000,000 | 100.00% | | 인수금액없음 | 계약소멸 | 전액배당 |
| 2 | 주택임차인 | 이○○ | 90,000,000 | 90,000,000 | 100.00% | | 인수금액없음 | 계약소멸 | 전액배당 |
| 3 | 주택임차인 | 문○○ | 55,000,000 | 19,455,000 | 35.37% | 35,545,000 | 인수금액없음 | 계약소멸 | 인도명령대상자 |
| 4 | 주택임차인 | 정○○ | 60,000,000 | 배당금없음 | 0.00% | 60,000,000 | 인수금액없음 | 계약소멸 | 인도명령대상자 |
| 5 | 주택임차인 | 윤○○ | 45,000,000 | 17,000,000 | 37.78% | 28,000,000 | 인수금액없음 | 계약소멸 | 인도명령대상자 |
| 6 | 주택임차인 | 정○○ | 95,000,000 | 배당금없음 | 0.00% | 95,000,000 | 인수금액없음 | 계약소멸 | 인도명령대상자 |
| 7 | 주택임차인 | 우○○ | 35,000,000 | 17,000,000 | 48.57% | 18,000,000 | 인수금액없음 | 계약소멸 | 인도명령대상자 |
| 8 | 주택임차인 | 이○○ | 45,000,000 | 17,000,000 | 37.78% | 28,000,000 | 인수금액없음 | 계약소멸 | 인도명령대상자 |
| 9 | 주택임차인 | 김○○ | 45,000,000 | 17,000,000 | 37.78% | 28,000,000 | 인수금액없음 | 계약소멸 | 인도명령대상자 |
| 10 | 주택임차인 | 지○○ | 35,000,000 | 17,000,000 | 48.57% | 18,000,000 | 인수금액없음 | 계약소멸 | 인도명령대상자 |
| 11 | 주택임차인 | 우○○ | 3,000,000 | 3,000,000 | 100.00% | | 인수금액없음 | 계약소멸 | 전액배당 |
| 12 | 주택임차인 | 주○○ | 40,000,000 | 17,000,000 | 42.50% | 23,000,000 | 인수금액없음 | 계약소멸 | 인도명령대상자 |
| 13 | 주택임차인 | 박○○ | 3,000,000 | 배당금없음 | 0.00% | 3,000,000 | 인수금액없음 | 계약소멸 | 인도명령대상자 |

※ 예상배당표는 채권의 금액과 내용에 따라 사실과 다를수 있으므로 참고용으로 사용하시기 바랍니다

　　예상 배당표도 제공되기 때문에, 배당을 직접 계산하는 수고로움을 덜 수 있다. 예상 배당표란 낙찰 시 금액을 어떻게 배분할지 알려주는 자료로, 점유자 명도를 할 때 유용하게 활용된다. 임차인이 얼마를 배당받는지 알면, 그에 맞춰 이사비를 책정할 수 있다. 만일 임차인이 배당금을 자신이 낸 보증금만큼 받는다면 명도는 그만큼 쉬워진다. 배당금을 받기 위해서는 낙찰자의 명도확인서와 인감증명서가 필요하기 때문이다(자세한 내용은 '명도' 장을 참고).

　　임차인이 많은 경우 예상 배당표는 특히 유용하다. 배당을 전부 받는 임차인, 일부 받는 임차인, 아예 못 받는 임차인 등 상황에 따라 명도 전략이 달라진다. 입찰자 본인이 예상 배당표를 직접 계산하기는 어렵고, 오류가 발생할 수도 있다.

　　나의 경우 2012년에 경매 학원을 처음 다녔고, 그때 가장 많이 연습했던 게 배당금 계산이었다. 하지만 현재까지 실전에서 직접 배당금을 계산해야 했던 적은 거의 없다. 예상 배당표를 보고 재확인하는

정도로만 활용하고 있다.

직장인이 경매를 할 때 가장 신경 쓸 부분은 시간을 효율적으로 사용하는 것이다. 시간을 아낀 대가로 사용료를 내는 것이다. 경매 유료 사이트를 이용하는 데 1년에 100만 원에 가까운 비용이 든다. 아깝다고 생각하는 사람도 있겠지만 그만큼 잘 활용해서 시간을 아끼고 양질의 정보를 제공받는다면 오히려 저렴하다고 본다.

평균적으로 일주일에 약 1,000건, 1년이면 약 5만 건이 경매로 쏟아진다. 그중 클릭해서 자세하게 살펴보게 되는 물건은 20% 정도이다. 1년이면 1만 건 정도라고 가정할 수 있다. 경매 유료 사이트를 이용하지 않는다고 가정해 보자. 해당 물건들의 권리 분석을 위해 등기부등본을 열람하는 데 건당 700원이다. 1만 건이면 700만 원이다.

시간적 측면에서는 대법원 인터넷등기소 사이트에 들어가서 주소 입력하고 결제하는 등의 과정에 최소 2~3분이 소요된다. 번거로운 과정이다. 권리 분석을 위해 시간 순서대로 등기된 권리들을 확인하고 말소기준권리를 스스로 찾아야 한다. 이 또한 짧으면 3분, 길면 10분 이상이 걸릴 수도 있다. 물건 한 건당 최소 6~13분이 걸리는 셈이다. 1만 건이면 최소 6만 분이다. 1,000시간, 41.7일이다.

시간과 비용 측면에서 유료 정보 사이트가 절대적으로 유리하다. 일종의 경기장 입장료라고 생각하면 어떨까? 이용 여부는 전적으로 본인이 결정하는 것이지만 경매를 통해 부자가 되고 싶다면 입장료를 내는 것을 추천한다.

# 물건 분석이란?
## (아파트, 다가구, 상가주택, 상가, 공장, 토지 등)

경매 물건을 분석하는 나만의 프로세스가 있다. 물건 분석, 입지 분석, 권리 분석, 시세 분석, 수익률 분석 등 총 5단계이다. 각 단계별, 물건별(아파트, 다가구, 상가주택, 상가, 공장, 토지 등)로 확인하는 사항이 다르다. 음식으로 비유하자면 볶음 요리, 탕 요리, 전골 요리, 찜 요리 등 요리 종류와 재료별(육류, 해산물)로 조리법이 다른 것과 동일하다. 단계별로 하나씩 체크해 가며 최종적으로 '이 물건은 얼마짜리다!'라는 결론을 내린다. 최종 가치 판단한 금액을 바탕으로 대출 이자, 인테리어 비용, 명도 비용, 기타 비용 등을 산출한 후 차감한다. 마지막으로 안전 마진, 즉 시세 대비 얼마나 싸게 입찰할 것인지 정한다.

먼저 물건 분석이 무엇인지 실제로 확인하며 익혀 보자. 물건 분석이란, 단순히 말하면 부동산 자체에 대해 알아보는 것이다. 토지 면적, 건물 면적, 구조, 용도지역, 층수, 현황 사진, 감정가, 세대 수 등 부동산 물건에 대한 기본적인 정보를 탐색하는 과정이다. 실제 경매 물건을 사례로, 물건 정보를 분석해 보겠다.

## 1. 아파트

우선 해당 물건의 주소, 대지권, 건물 면적, 층수, 감정가, 매각 기일 등의 정보를 빠르게 훑어본다. 해당 아파트의 경우, 용도지역이 '준공업지역'이다. 특이한 케이스이다. 일반적으로 아파트는 2종 또는 3종 일반주거지역에 위치한다. 준공업지역에 위치한 해당 물건은 용적률이 400%로 2종일반주거지역의 용적률인 200%보다 두 배 크다. 재건축을 한다면 더 높게 지을 수 있으므로 일반 분양 세대 수가 늘어날 수 있다는 의미이다.

● 아파트 물건 분석을 위한 기본 정보

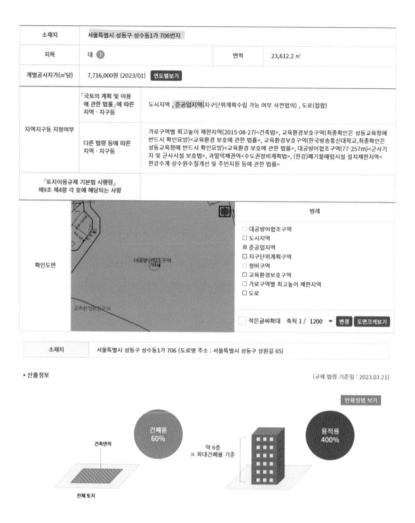

| 소재지 | 서울특별시 성동구 성수동1가 706번지 | | |
|---|---|---|---|
| 지목 | 대 ❓ | 면적 | 23,612.2 ㎡ |
| 개별공시지가(㎡당) | 7,716,000원 (2023/01) 연도별보기 | | |
| 지역지구등 지정여부 | 「국토의 계획 및 이용에 관한 법률」에 따른 지역·지구등 | 도시지역 , 준공업지역(지구단위계획수립 가능 여부 사전협의) , 도로(접합) | |
| | 다른 법령 등에 따른 지역·지구등 | 가로구역별 최고높이 제한지역(2015-08-27)<건축법>, 교육환경보호구역(최종확인은 성동교육청에 반드시 확인요망)<교육환경 보호에 관한 법률>, 교육환경보호구역(한국방송통신대학교,최종확인은 성동교육청에 반드시 확인요망)<교육환경 보호에 관한 법률>, 대공방어협조구역(77-257m)<군사기지 및 군사시설 보호법>, 과밀억제권역<수도권정비계획법>, (한강)폐기물매립시설 설치제한지역<한강수계 상수원수질개선 및 주민지원 등에 관한 법률> | |
| | 「토지이용규제 기본법 시행령」 제9조 제4항 각 호에 해당되는 사항 | | |

범례
- □ 대공방어협조구역
- □ 도시지역
- ■ 준공업지역
- □ 지구단위계획구역
- □ 정비구역
- □ 교육환경보호구역
- □ 가로구역별 최고높이 제한지역
- □ 도로

□ 작은글씨확대 축척 1 / 1200 ▾ 변경 도면크게보기

| 소재지 | 서울특별시 성동구 성수동1가 706 (도로명 주소 : 서울특별시 성동구 상원길 65) |
|---|---|

• 산출정보          (규제 법령 기준일 : 2023.03.21)

만화설명 보기

건축면적    건폐율 60%    약 6층 ※ 최대건폐율 기준    용적률 400%

전체 토지

사용승인일은 1997년 10월 7일이다. 연식 20년이 훌쩍 넘은 아파트이다. 5년 이후에는 재건축 이슈가 발생할 가능성이 크다는 뜻이다.

● 아파트 물건의 사용승인일

| 목록 | 구분 | 사용승인 | 면적 | 이용상태 | 감정가격 | 기타 |
|---|---|---|---|---|---|---|
| 건물 | 23층중 15층 | 97.10.07 | 59.76㎡ (18.08평) | 주거용 | 420,000,000원 | ※ 도시가스에 의한 난방설비 |
| 토지 | 대지권 | | 23612.2㎡ 중 23.3㎡ | | 980,000,000원 | |
| 현황 위치 | ※ 본건은 서울특별시 성동구 성수동1가 소재 지하철2호선 뚝섬역 북측 인근에 위치하며 인근은 공동주택 및 근린생활시설 등이 혼재하는 지역으로써 제반 주위환경은 보통시 됨. ※ 본건까지 제반 차량의 진출입이 가능하며, 인근에 지하철2호선 뚝섬역 및 버스정류장이 소재하는 등 제반 교통상황은 양호한 편임. ※ 본건은 대체로 등고평탄한 부정형토지로서 아파트 건부지로 이용 중임. ※ 본건이 속한 단지 내 도로를 통하여 공도에 접함. | | | | | |

다음으로 아파트의 현황 사진과 구조를 파악한다. 오래된 구축 아파트답게 어느 정도 노후화되어 있음을 알 수 있다.

아파트 단지 내에서 해당 동의 위치와 집 구조도 확인해 본다. 방 세 개, 화장실 한 개, 계단식 구조의 배치임을 확인할 수 있다. 1990년 대에 2베이 형태로 지어진 일반적인 아파트의 모습이다.

● 아파트 물건의 현황 사진, 동 내 위치, 구조

## 2. 다가구

다가구도 아파트와 마찬가지로 처음에는 해당 물건의 주소, 토지 면적, 건물 면적, 감정가, 매각 기일을 살펴본다. 토지의 용도지역이 '3

• 다가구 물건의 기본 정보

종일반주거지역'이며 지구단위계획구역(도마·변동16구역)임을 알 수 있다. 도마·변동 16구역의 현재 진행 사항을 확인해 보면, 재개발 구역으로 지정되고 추진위원회 구성이 승인된 상태이다. 재개발 절차 중 걸음마를 떼기 시작한 단계이다. 재개발로 인한 철거 및 이주 이슈가 생기려면 최소 10년 이상의 시간이 걸린다. 경매로 낙찰받는다면 다가구로 월세를 받고 지내다가 재개발이 진짜로 진행되면 큰 토지 면적을 바탕으로 '아파트 1+1'을 기대할 수 있는 상황이다.

다가구 현황 사진을 확인한다. 다가구의 전형적인 모습이다. 전체적으로 건물 연식, 외관, 엘리베이터 유무를 확인한다. 이 건물의 경우 엘리베이터가 있고, 주차장이 넓은 편인 것이 가점 요인이다. 또한 다가구가 깨끗하게 관리되고 있음을 알 수 있다.

• 다가구 물건의 현황 사진

• 다가구 물건의 동 내 위치, 구조

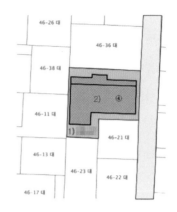

해당 물건의 토지 모양, 건물 외관을 확인한다. 기역 자로 꺾인 모양이고, 토지가 상대적으로 넓은 편이다. 전형적인 다가구의 형태이며, 건물이 남향이라 저층부(2층)는 채광에 불리할 것으로 보인다.

다가구의 경우, 아파트와 달리 위반건축물 적발 여부를 확인하기 위해 건축물대장을 반드시 살펴봐야 한다. 건축물대장에 전체 가구 수, 용도지역, 건폐율, 용적률, 층별 가구 수, 주차 대수, 승강기, 사용 승인일 등 많은 정보가 담겨 있는데, 그중 가구 수를 미리 확인한다.

더불어 상가주택도 다가구와 마찬가지로 건축물대장을 중점적으로 살펴보며, 물건에 대한 전체적인 분석을 진행한다. 한 가지 다른 점이 있다면 상가주택은 1층이 상가이기 때문에 상가의 크기와 신고된 임대료까지 확인해야 한다.

• 다가구 물건의 건축물대장

■ 건축물대장의 기재 및 관리 등에 관한 규칙 [별지 제1호서식] (개정 2018. 12. 4.)

## 일반건축물대장(갑)

(2쪽 중 제1쪽)

| 고유번호 | 3017010300-1-C | | 명칭 | | 호수/가구수/세대수 | 0호/12가구/0세대 |
|---|---|---|---|---|---|---|
| 대지위치 | 대전광역시 서구 도마동 | 지번 | | 도로명주소 | 대전광역시 서구 용 | |
| ※대지면적 441.2 ㎡ | 연면적 659.68 ㎡ | | 지역 제2종일반주거지역 | 지구 | 구역 | |
| 건축면적 263.56 ㎡ | 용적률산정용 연면적 659.68 ㎡ | | 주구조 철근콘크리트구조 | 주용도 다가구주택(12가구) | 층수 지하 층, 지상 4층 | |
| ※건폐율 59.74 % | ※용적률 149.52 % | | 높이 11.4 m | 지붕 (철근)콘크리트 | 부속건축물 동 | ㎡ |
| ※조경면적 ㎡ | ※공개 공지 공간 면적 ㎡ | | ※건축선 후퇴면적 ㎡ | ※건축선후퇴 거리 | | m |

| 건축물 현황 | | | | | 소유자 현황 | | | |
|---|---|---|---|---|---|---|---|---|
| 구분 | 총별 | 구조 | 용도 | 면적(㎡) | 성명(명칭) 주민(법인)등록번호 (부동산등기용등록번호) | 주소 | 소유권 지분 | 변동일 |
| | | | | | | | | 변동원인 |
| 주1 | 1층 | 철근콘크리트구조 | 계단실 | 22.56 | 안 | 대전광역시 서구 도안북로 한라리빌딩(아파트) | 1/1 | 2018.11.21. |
| 주1 | 2층 | 철근콘크리트구조 | 다가구주택(5가구) | 224.4 | 740 -2-****** | | | 소유권이전 |
| 주1 | 3층 | 철근콘크리트구조 | 다가구주택(5가구) | 224.4 | - 이하여백 - | | | |
| 주1 | 4층 | 철근콘크리트구조 | 다가구주택(2가구) | 188.32 | ■ 이 건축물대장은 현소유자만 표시한 것입니다. | | | |

이 등(초)본은 건축물대장의 원본내용과 틀림없음을 증명합니다.

발급일: 2023년 5월 9일
담당자:
전 화:

**대전광역시 서구청장**

이 건축물대장은 열람용이므로 출력하신 건축물대장은 법적 효력이 없습니다.
297㎜×210㎜(백상지 80g/㎡)

※ 표시 항목은 총괄표제부가 있는 경우에는 적지 않을 수 있습니다.

---

■ 건축물대장의 기재 및 관리 등에 관한 규칙 [별지 제1호서식]

(2쪽 중 제2쪽)

| 고유번호 | 3017010300-1-0 | | 명칭 | | 호수/가구수/세대수 | 0호/12가구/0세대 |
|---|---|---|---|---|---|---|
| 대지위치 | 대전광역시 서구 도마동 | 지번 | | 도로명주소 | 대전광역시 서구 용 | |

| 구분 | 성명 또는 명칭 | 면허(등록)번호 | | 주차장 | | | | 승강기 | | 허가일 | 2018.1.5. |
|---|---|---|---|---|---|---|---|---|---|---|---|
| 건축주 | 권 | 197 -****** | 구분 | 옥내 | 옥외 | 인근 | 면제 | 승용 1 대 | 비상용 대 | 착공일 | 2018.1.20. |
| 설계자 | 김 회사 건축사사무소이노,건축 | 대전광역시-건축사사무소-203 | 자주식 | 대 92.5 ㎡ | 4 대 41.7 ㎡ | 대 ㎡ | | 하수처리시설 | | 사용승인일 | 2018.8.6. |
| 공사감리자 | 김 건축사사무소 | 대전광역시-건축사사무소-122호 | 기계식 | 대 ㎡ | 대 ㎡ | 대 ㎡ | | 형식 부패탱크방법 | | 관련 주소 | |
| 공사시공자 (현장관리인) | 권 | 1972 -**** | | | | | | 용량 40인용 | | 지번 | |

| ※제로에너지건축물 인증 | | ※건축물 에너지효율등급 인증 | | ※에너지성능지표(EPI) 점수 | ※녹색건축 인증 | | ※지능형건축물 인증 | |
|---|---|---|---|---|---|---|---|---|
| 등급 | | 등급 | | 점 | 등급 | | 등급 | |
| 에너지자립률 0 % | | 1차에너지 소요량 (또는 에너지절감률) 0 kWh/㎡(%) | | 인증점수 점 | | 인증점수 점 | | 도로명 |
| 유효기간: . . | | 유효기간: . . 0 ㎥/㎡ | | 유효기간: . . | | 유효기간: . . | | |
| 내진설계 적용 여부 적용 | 내진능력 | 특수구조 건축물 | 특수구조 건축물 유형 | | | | | |
| 지하수위 G.L m | 기초형식 | 설계지내력(지내력기초인 경우) t/㎡ | 구조설계 해석법 | | | | | |

| 변동사항 | | | | | |
|---|---|---|---|---|---|
| 변동일 | 변동내용 및 원인 | 변동일 | 변동내용 및 원인 | | 그 밖의 기재사항 |
| 2018.8.6. | 건축과-21298(2018.8.6)사용승인 (신축) - 이하여백 - | | | | |

이 건축물대장은 열람용이므로 출력하신 건축물대장은 법적 효력이 없습니다.

※ 표시 항목은 총괄표제부가 있는 경우에는 적지 않을 수 있습니다.

111

## 3. 상가

상가 물건의 주소, 건물 면적, 대지권, 감정가, 매각 기일을 확인한다.

• 상가 물건의 기본 정보

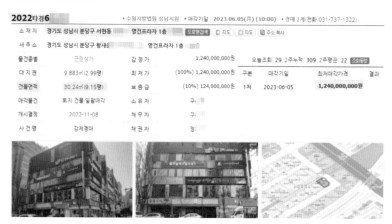

건물 외관, 현재 이용 상태 등 정보를 현황 사진을 통해 확인한다. 104~108호가 각 호 간 내부 벽체 구분 없이 일반 음식점으로 일괄 이용 중임을 알 수 있다.

• 상가 물건의 현황 사진

해당 지역 지도에서 물건의 위치와 건물 구조도를 확인한다. 다음으로 로드 뷰나 실제 거리 사진을 통해 상가의 위치와 주변을 확인한다. 상가의 경우 사람들의 주동선을 파악하는 것이 중요하다. '입지 분석'에서 다시 살펴보긴 할 테지만 상가의 경우, 주동선이 특히나 중

• 상가 물건의 모양 및 위치

• 상가 물건의 위치

요하기에 물건 분석 중에도 해당 과정을 진행한다.

## 4. 토지

토지 역시 우선 주소, 토지 면적, 용도지역, 감정가, 매각 기일을 확인한다.

• 토지 물건의 기본 정보

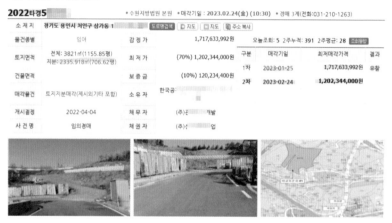

　토지의 경우, 용도지역과 더불어 토지의 모양과 접한 도로의 조건을 가장 중점적으로 살펴봐야 한다. 해당 물건의 경우 총 3필지이고 그중 1필지는 지분 물건이다. 토지의 모양은 네모반듯한 것이 가장 선호되지만 해당 물건의 경우 그렇지 않다.

　물건이 도로와 접한 면은 6.9m이다. 법적으로는 도로가 물건과 2m 이상 접해 있고, 폭은 4m 이상이어야 건축 허가가 나온다. 따라서 토지 물건을 분석할 때는 접한 도로의 폭과 면의 길이를 꼭 확인해야 한다.

• 토지 물건의 모양

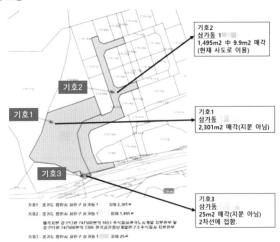

기호2
삼가동 1
1,495m2 中 9.9m2 매각
(현재 사도로 이용)

기호1
삼가동
2,301m2 매각(지분 아님)

기호3
삼가동
25m2 매각(지분 아님)
2차선에 접함.

기호1 : 경기도 용인시 처인구 삼가동 1    면적 2,301㎡
기호2 : 경기도 용인시 처인구 삼가동 1    면적 1,495㎡

매각지분 공구13번 747500분의 1653 주식회사콘크리트계발 지분전부 및
공구11번 747500분의 3306 한국공간정보계발연구소주식회사 지분전부

기호3 : 경기도 용인시 처인구 삼가동 1    면적 25㎡

• 토지 물건과 접한 도로의 조건

도로(국유지, 시, 군유지)와 접한 면 : 6.9m
(법적으로 2m 이상 접해 있어야 건축 허가가 나옴)

다음으로 토지 물건의 현황 사진을 살펴보며 물건을 분석한다.

더불어 공장 물건도 토지와 동일한 방법으로 물건 분석을 한다. 토지의 면적과 감정가는 기본이고 용도지역, 접한 도로의 조건을 중점적으로 확인한다.

• 토지 물건의 모양

지금까지 사례별로 물건을 분석하는 과정을 살펴봤다. 어떤가? 혼자서도 할 수 있도록 여러 번 읽어 보고 자기 것으로 만들었으면 한다. 부동산의 소재지, 토지 면적, 건물 면적, 용도지역, 감정가, 현황사진 등은 공통적으로 꼭 살펴야 할 사항이고, 아파트는 층수, 평면도를, 다가구·상가주택은 건축물대장을, 토지·공장은 접한 도로의 조건을 좀 더 세심히 살펴보면 된다. 물건 분석을 이 정도 진행했으면 다음 단계인 입지 분석으로 넘어가면 된다.

# 입지 분석 : 부동산은 위치가 제일 중요하다

미국의 부동산 재벌이자 대통령이었던 도널드 트럼프가 한 말이 있다. '부동산은 첫째도 입지(Location), 둘째도 입지, 셋째도 입지이다.' 개인적으로 트럼프를 좋아하지도 싫어하지도 않지만, 그의 부동산 철학에는 동의한다. 부동산은 말 그대로 움직여 옮길 수 없는 재산이다. 그 물건의 입지, 즉 위치가 어디인지가 가장 중요하다.

부동산 물건을 분석하는 두 번째 단계가 바로 이 입지 분석이다. 주거형 부동산(아파트 등)과 상업형 부동산(상가 등)의 입지 분석에 약간의 차이는 있다. 성격이 다르기 때문이다. 공통적으로 그 부동산을 이용하는 사람을 파악해야 하지만 이를 바탕으로 종류별로 각각 따져야 할 세부 요소가 존재한다.

각 부동산을 이용하는 사람들을 이해하면 입지를 분석하는 데 도움이 된다. 각 사례별로 하나씩 설명해 보겠다.

## 1. 아파트

아파트 입지 분석을 할 때에는 다섯 가지 요소를 종합적으로 검토한다. 직장, 교통, 학군, 인프라(마트, 병·의원, 도서관), 자연(공원)이다. 사람이 사는 데 꼭 필요한 요소를 살펴보는 것이다. 물건 분석에서 예로 들었던 서울 성수동 쌍용아파트의 입지를 분석해 보겠다.

첫 번째는 직장이다. 해당 아파트에서 주요 직장이 있는 광화문과 강남까지의 접근성을 살펴본다. 물건지 주변으로 양질의 일자리기 많다는 것은 그만큼 직장인 수요가 있다는 의미이다. '직주근접'이 중요하다는 말이 괜히 나온 말이 아니다. 해당 아파트는 광화문, 강남과 모두 가까우므로 입지 분석의 '직장' 부분에서는 합격점이다.

● 아파트 물건의 직장 조건

두 번째는 교통이다. 2호선 뚝섬역과는 도보 5분, 분당선 서울숲역까지는 도보 12분 거리이다. 더블 역세권이며, 지하철 노선도 우수한 편이다. '교통' 부분에서도 합격이다.

• 아파트 물건의 교통 조건

세 번째는 학군이다. 해당 아파트와 가장 가까운 거리에 위치한 중학교와 고등학교를 기준으로 학군 정보를 파악한다. 학군 정보는 아파트 실거래가 사이트 '아실(asil.kr/asil/index.jsp)'에서 확인 가능하다. 서울 평균과 성동구 평균 점수 대비 각 학교의 학력을 살펴보면 평균 수준이다. 이 물건은 다섯 가지 요소 중 '학군' 부분에서는 매력이 없다. 마이너스 요인이 되는 것이다.

• 아파트 물건의 학군 조건

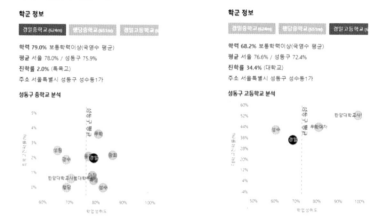

네 번째는 인프라(마트, 병·의원, 도서관)이며, 다섯 번째는 자연(공원)
이다. 해당 아파트 주변으로 인프라와 자연이 도보로 이용 가능한지
확인한다. 도보로 최대 15분 거리 이내여야 하며, 10분 이내가 가장

• 아파트 물건의 인프라 및 자연(공원) 조건

적절하다.

　아파트의 물건 분석에서는 소재지, 면적, 구조(평면), 층수, 용도지역, 세대 수 등을 파악했고 입지 분석에서는 사람이 사는 데 필요한 다섯 가지 요소인 직장, 교통, 학군, 인프라, 자연 환경을 파악했다. 해당 아파트의 가치를 파악하는 과정의 50%가 끝난 셈이다.

## 2. 다가구

다가구는 아파트와는 조금 다르다. 같은 주거형이지만 주로 원룸, 투룸 형태이며 직장인 수요가 많다. 따라서 직장과 가까운 입지를 우선적으로 선호하며, 월세 비중이 높다. 아파트 입지 분석의 다섯 가지 요소 중 직장, 교통은 다가구에도 동일하게 적용된다. 학군, 자연 환경은 상대적으로 크게 고려 대상이 되지 않는다. 인프라에서도 병·의원, 도서관은 있으면 좋고 없어도 되는 항목이다.

　다가구 물건의 경우, 서울보다는 수도권이나 그 외 지방 물건을 주로 검토하게 된다. 서울 다가구는 최근 지가 급등의 영향으로 월세 수익률이 나오지 않기 때문이다. 투자금 대비 월세 수익을 기대하기 어렵다는 말이다. 일시적으로 토지 시세가 급등했고 다가구의 월세는 그 속도를 맞추지 못해 왜곡현상이 발생한 것이다. 당분간 그 갭을 메꾸기는 쉽지 않을 듯하다. 한번 오른 땅값은 쉽게 떨어지지 않는 반면, 다가구 월세는 물가 상승률 이상으로 급등하기 어려운 구조이기 때문이다.

수도권, 광역시 또는 지방의 다가구 물건을 투자할 때는 그 지역에 대기업 일자리가 풍부한지를 살펴봐야 한다. 지방 도시의 경우, 대기업 사업장이 인근에 위치한다면 그 파급력은 상당하다. 지방 도시를 먹여 살린다고 봐도 무방하다. 대기업이 위치하면 주변으로 협력업체들이 포진한다. 대기업 일감을 따기 위해서다. 사람이 계속 모이는 구조이다. 일자리로 인해 주거형 부동산이 필요하고 이어서 상업용 부동산도 필요해진다. 지방 지자체는 법인세와 주민세가 늘어나면서 세수가 확보되고 도로를 확장하거나 인프라를 구축할 수 있다. 선순환 구조가 만들어지는 셈이다.

따라서 대기업 사업장이 위치한 지방 도시의 다가구는 투자할 만하다. 천안·아산에는 '현대자동차', '삼성SDS' 사업장이 있고 당진에는 '현대제철', '현대오일뱅크'가 있다. 광양과 포항에는 '포스코'가 있다. 경기도 화성에는 '기아자동차', '삼성전자', '아모레퍼시픽'이, 평택에는 '삼성전자' 사업장이 있다. 용인에는 앞으로 'SK하이닉스', '삼성전자' 반도체 사업장이 들어설 예정이다.

대기업이 있는 곳에 무수히 많은 양질의 일자리가 만들어진다. 사람이 모이고 다가구와 같은 저렴한 월세 물건을 찾는 수요가 늘어난다. 다가구 주변으로 편의점, 마트, 식당 등 인프라가 갖춰진 곳이 먼저 만실이 된다. 외딴 곳에 홀로 지어진 다가구는 가격이 저렴하더라도 피해야 한다. 그런 곳은 사람이 가장 늦게 차고, 가장 빨리 빠진다.

내가 낙찰받은 충청남도 당진의 다가구 물건을 예를 들어 설명해 보겠다.

토지 약 340㎡(103평), 건물 약 558㎡(169평), 감정가 11억 9,000만 원, 낙찰가 7억 8,800만 원(감정가 대비 66.07%)이었다. 2019년 2월에 낙찰받은 이 물건의 사용승인일은 2016년 3월이다. 당시 신축된 지 3년 밖에 되지 않은 물건이었다.

• 다가구 물건의 기본 정보

**2018**타경4◼◼◼ · 대전지방법원 서산지원 · 매각기일 : 2019.02.13(水) (10:00) · 경매 3계(전화 041-660-0693)

| 소 재 지 | 충청남도 당진시 읍내동 5◯ | 도로명검색 | □지도 □지도 ▣주소 복사 | | | | |
|---|---|---|---|---|---|---|
| 물건종별 | 다가구(원룸등) | 감 정 가 | 1,192,705,980원 | 오늘조회: 1 2주누적: 1 2주평균: 0 조회동향 | | |
| | | | | 구분 | 매각기일 | 최저매각가격 | 결과 |
| 토지면적 | 전체: 762㎡(230.51평)<br>지분: 342㎡(103.46평) | 최 저 가 | (49%) 584,426,000원 | 1차 | 2018-11-21 | 1,192,705,980원 | 유찰 |
| | | | | 2차 | 2019-01-02 | 834,894,000원 | 유찰 |
| 건물면적 | 559.45㎡(169.23평) | 보 증 금 | (10%) 58,442,600원 | 3차 | 2019-02-13 | 584,426,000원 | |
| | | | | 매각 : 788,000,000원 (66.07%) | | |
| 매각물건 | 건물전부. 토지지분 | 소 유 자 | 오◯◯ | (입찰4명,매수인:경기 이◯◯) | | |
| | | | | 매각결정기일 : 2019.02.20 - 매각허가결정 | | |
| 개시결정 | 2018-05-25 | 채 무 자 | 오◯◯ | 대금지급기한 : 2019.03.21 | | |
| | | | | 대금납부 2019.03.14 / 배당기일 2019.04.11 | | |
| 사 건 명 | 임의경매 | 채 권 자 | 서산새마을금고 | 배당종결 2019.04.11 | | |

당진에는 대기업 사업장이 두 개 운영되고 있다. '현대제철'과 '현대오일뱅크'이다. 해당 다가구 물건에서 현대제철 출퇴근용 셔틀버스 정류장이 도보로 6분 거리에 위치한다. 다가구 입지 분석에서는 직장과 교통 요소가 1순위이다. '현대제철'이라는 양질의 일자리, 그리고 그곳과 직통으로 연결되는 교통수단이 있는 물건이라 과감히 투자했고, 지금까지도 공실 없이 현금 흐름이 잘 나오는 A급 물건이다.

• 다가구 물건과 셔틀버스 정류장과의 거리

**대기업이 있는 주요 지방 도시**
- 경기도 화성 : 기아자동차, 삼성전자, 아모레퍼시픽 등
- 경기도 평택 : 삼성전자
- 경기도 용인 : SK하이닉스, 삼성전자
- 충청남도 천안·아산 : 현대자동차, 삼성SDS
- 충청남도 당진 : 현대제철, 현대오일뱅크
- 전라남도 광양·경상북도 포항 : 포스코

## 3. 상가주택

상가주택의 입지 분석은 다가구와 접근 방식이 다르다. 상가주택은 아파트와 상가의 혼합이다. 월세로 거주하는 아파트처럼 가족이 주거하는 형태이고 아이를 키우는 경우도 많다. 따라서 직장, 교통, 학

군, 인프라, 자연(공원)을 모두 고려해야 한다. 상가주택은 1층이 상가이므로 상가 입지 분석도 해야 한다. 상가를 이용하는 배후 세대의 수와 주동선을 파악해서 상가 임차가 가능한 곳인지, 적정 임대료와 업종은 무엇인지 분석이 필요하다.

내가 직접 투자한 경기도 군포시 부곡 지구의 상가주택을 사례로 들어 설명하겠다. 이 물건은 경매가 아닌 일반 매매로 매수했다. 경매 물건을 임장하러 갔다가 우연찮게 들어간 공인중개사무소에서 이 물건을 추천받았다. 급매로 싸게 나왔다는 판단을 했고 그날 바로 가계약금을 송금했을 정도로 매력적인 물건이었다.

주변으로 '현대로템', '군포첨단일반산업단지' 등 일자리가 풍부하

• 상가주택과 직장의 위치

고 1호선 의왕역 1번 출구에서 도보로 10분 거리라 교통 요소도 우수했다. 주변으로 초·중·고등학교가 있고, 인프라도 어느 정도 갖춰져 있다. 근처에 공원도 있어 살기에 쾌적했다.

2013년 매입 당시 현황을 보면, 1층에 상가 세 개, 2층에 투룸 두 개, 3층·4층에 쓰리룸 한 개씩이 위치해 있다. A급 상가주택이 되기 위해서는 1층 상가의 임대료가 중요하다. 상가의 월세가 매매 수익률을 결정하는 매우 큰 요소이기 때문이다. 공실이 나고 임차가 잘 맞춰지지 않는 상가는 오히려 애물단지이다. 상가 대신 주택으로 이용하는 게 더 나을 정도이다. 그만큼 상가주택의 경우, 1층 상가가 임차될지 확인하는 눈이 필요하다.

해당 물건은 약 2,041세대의 주민이 이 지역의 집객시설인 의왕역을 이용하기 위해 주동선으로 삼는 길에 위치해 있다. 상가로서 입지 분석을 했을 때 합격점을 내리고 매입한 이유이다. 실제로 4년 정도 보유하다가 매도할 때까지 공실 없이 잘 운영됐다.

• 상가주택의 매입 당시 현황

| 층별 | 면적 | 보증금 | 월 임대료 |
|---|---|---|---|
| 1층(상가) | 약 48㎡(14.56평) | 2,000만 원 | 110만 원 |
| 1층(상가) | 약 48㎡(14.56평) | 2,000만 원 | 100만 원 |
| 1층(상가) | 약 48㎡(14.56평) | 2,000만 원 | 120만 원 |
| 2층(투룸) | 약 57㎡(17.19평) | 8,000만 원 | 10만 원 |
| 2층(투룸) | 약 57㎡(17.19평) | 3,500만 원 | 40만 원 |
| 3층(쓰리룸) | 약 114㎡(34.37평) | 1억 7,000만 원 | - |
| 4층(쓰리룸) | 약 116㎡(35.22평) | 7,000만 원 | 50만 원 |
| 합계 | | 4억 1,500만 원 | 430만 원 |

• 상가주택과 집객시설의 위치

## 4. 상가

상가 입지 분석의 핵심은 그 상가를 이용하는 고객층을 파악하는 것
이다. 지도를 넓은 범위에서부터 먼저 보고 좁은 범위로 점차 좁혀서
본다. 먼저 그 지역을 전체적으로 넓게 파악하며 그 상가 물건을 이
용할 사람들을 파악해야 한다. 구체적으로는 배후 세대의 수와 성격,
집객시설을 확인한다. 배후 세대의 성격은 크게 이용객의 직업, 연령
을 살피면 된다. 예를 들어, 직장인이 주로 이용하는지, 가정주부가
많이 들르는지 또는 학생들이 많은 상권인지 확인한다. 집객시설은
사람을 모으는 곳이다. 지하철역, 버스정류장, 사옥이 대표적이다.
거시적으로 확인을 마쳤다면 이후 사람들의 주동선, 즉 주로 다니는
길을 확인한다.

상가는 토지만큼 개별성이 강한 부동산이다. 같은 라인에 있더라도 입지에 따라 평당 임대료가 다르다. 같은 코너 자리라도 어떤 길에 접했는지에 따라서 다르게 평가된다. 그만큼 면밀히 조사하지 않는다면 큰 손해를 볼 수도 있다. 반면 상가를 판단하는 눈이 있다면 확실한 수익을 얻을 수 있다. 어떻게 해야 상가의 옥석을 가릴 수 있을까? 핵심은 바로 '사람'이다.

계속 강조하지만 부동산을 이용하는 주체는 사람이다. 특히 상가는 사람의 발길이 많이 닿을수록 가치가 올라가는 부동산이다. 주택, 상가, 공장 중에 어떤 부동산이 사람의 발길에 가장 민감할까? 길목에 위치할수록 가치가 올라가는 것이 무엇인가? 바로 상가이다.

주택은 길목에 위치해 차량과 사람의 통행이 많으면 시끄러워서 오히려 선호되지 않는다. 공장은 사람보다 차량의 통행이 우선시되는 물건이라 도로 여건이 더 중요하다. 하지만 상가는 사람의 접근이 쉬운가에 무엇보다 민감하다. 지방 국도변 상가는 차량의 접근이 편리하고 주차가 쉬운 곳이 1순위인데, 이 또한 궁극적으로는 차량에 타고 있는 사람의 접근을 염두에 둔 것이다.

이처럼 상가 분석의 처음과 끝은 사람이다. 이용하는 사람이 많고 그 사람들이 소비를 많이 한다면, 그 지역은 상권이 좋다고 할 수 있다. 상권 주위로 얼마나 많은 사람이 살거나 근무하는지, 그 사람들이 직장인인지 주부인지 학생인지 노년층인지, 직업과 연령대를 알아야 한다. 이것이 상권의 세기를 나누고, 적합 업종과 임대 시세를 정한다.

상권은 크게 세 가지로 나뉜다. 각각 주 7일 상권, 주 5일 상권, 근린 상권이다. 2021년 코로나가 한창일 때, 1년 동안 서울·수도권 주요 상권 80군데를 임장 다니며 상권을 확인했다. 그 결과는 다음과 같이 정리할 수 있다.

주 7일 상권의 대표 지역은 강남역, 홍대입구역, 서현역, 정자역 그리고 여의도 동쪽이다. 일주일 내내 상권을 이용하는 사람이 많은 지역이다. 평균적으로 상가 임차인들의 매출이 높기에 임대료도 높게 형성된다.

당시 코로나 여파로 강남, 홍대에도 핵심 코어 블록이 아닌 경우 공실이 많고 바닥 권리금이 없어진 곳도 많았다. 하지만 분당의 서현역과 정자역은 달랐다. 1기 신도시 택지 지구로, 강남, 홍대와는 달리 상권이 확장되지 않아 공급이 늘 부족한 입지적 요소 덕분에 일주일 내내 사람이 많은 상권이었다. 여의도 동쪽 또한 지리적으로 상권 확장이 불가한 섬의 형태였기에 공실이 거의 보이지 않았다.

• 대표적인 주 7일 상권

강남역 근처
주중 : 직장인, 주말 : 외부 유입

정자역 근처
주중 : 직장인, 주말 : 주변 배후 세대

여의도 동쪽
주중 : 직장인, 주말 : 주변 배후 세대

주 5일 상권은 직장인 수요로 평일에만 매출이 나오는 곳이다. 대표적인 곳이 종로, 여의도 서쪽이다. 주변에 주거 배후 세대가 부족하고 외부에서의 유입이 적은 곳이다.

주말에 해당 지역을 가면 썰렁함이 느껴진다. 거리에 사람들이 별로 보이지 않기 때문이다. 주말 매출이 저조하기에 비싼 임대료를 감당하지 못하고 공실이 발생하는 경우가 있고, 따라서 임대료를 낮춰서라도 공실을 피하려고 한다.

종로 근처
주중 : 직장인, 주말 : 배후 세대 X, 외부 유입 X

여의도 서쪽
주중 : 직장인, 주말 : 배후 세대 X, 외부 유입 X

근린 상권은 아파트, 빌라 등 주거지 근거리에 위치한 상권이다. 직장인 수요는 적고 주부와 학생이 주로 이용하는 상권이다. 상대적으로 코로나 여파도 덜 받았다. 경기와 상관 없이 마트에서 장은 봐야 하며 아프면 동네 병원 가서 진료를 받고 학생이라면 학원을 다니기 때문이다.

• 대표적인 근린 상권

미금역 근처
아파트 배후 세대(외부 유입 X)

주엽역 근처
아파트 배후 세대(외부 유입 X)

정리하면, 상가 입지 분석의 핵심 포인트는 세 가지로 요약할 수 있다.

1. 최단 거리+연결도로+집객시설(사람들이 주로 어느 길로 다니는지 파악)

2. 수요(사람)

3. 공급(상가)

사람들이 주로 이용하는 그 지역의 집객시설을 기준점으로 삼으면 된다. 최단 거리는 무슨 뜻인지 쉽게 이해될 것이다. 누구나 가능한 한 짧은 거리로 이동하고 싶어 하기 때문이다. 연결도로라는 단어는 생소할 수 있지만, 길이 연결되어 있는지 막혀 있는지의 여부다. 연결도로가 중요한 이유는 사람이 본능적으로 연결되어 있는 길로 가려하기 때문이다. 사람은 막힌 길로는 가려고 하지 않는다. 원시 수렵 시대로 거슬러 올라가 보면, 맹수에 쫓길 때 막힌 길은 곧 죽음을 뜻했기 때문이다.

**문제로 풀어 보는 입지의 중요성**

최단 거리, 연결도로, 집객시설이 얼마나 중요한지 연습 문제를 통해 설명하겠다.

문제 1

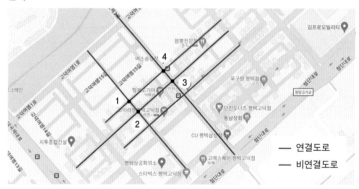

먼저, 초급 단계의 문제이다. 경기도 평택시 고덕신도시, 삼성반도체 사업장 맞은편 상가주택 지역이다. 예를 들어 부동산 공인중개사무소에 가서 1, 2, 3, 4번의 코너 필지를 추천받았다. 가격은 거의 동일하다고 했을 때, 어떤 필지를 사야할까?

결론부터 말하면, 가장 좋은 물건은 3번이다. 설령 조금 비싸더라도 3번을 사야 한다. 유일하게 두 개의 빨간색 연결도로가 교차하는 코너이므로, 1등 입지이다.

반면, 무조건 피해야 할 자리는 1번이다. 두 개의 파란색 비연결도로가 교차하는 코너이므로 상가로써 매출이 가장 안 나오는 자리이다. 하지만 부동산에서는 코너 자리이니까 좋은 곳이라고 브리핑하며 설득할 것이다. 그럴 때는 그냥 스윽 웃어 주면서 3번 아니면 사지 않겠다고 강하게 얘기하면 된다.

문제 2

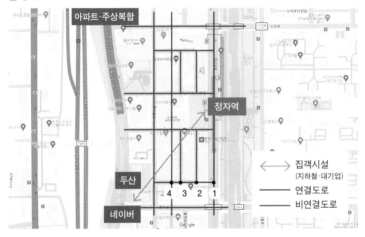

'문제 2'는 좀 더 난도가 높은 버전이다. '문제 1'은 연결도로 위주였다면 이번 예시는 연결도로, 최단 거리, 집객시설을 모두 봐야 한다.

분당 정자역 상권이다. 위의 지도에 빨간색과 파란색 점선으로 길을 표시했다. 빨간색은 연결도로이고, 파란색은 비연결도로이다. 정자역과 대기업 사옥(두산, 네이버)이 이 지역의 메인 집객시설이다.

먼저 3번과 4번 입지를 비교해 보자. 3번은 한 개의 파란색 비연결도로, 한 개의 빨간색 연결도로를 끼고 있다. 4번은 두 개의 빨간색 연결도로를 끼고 있다. 지하철역까지 거리는 3번이 4번보다 가깝다. 이 경우 어느 곳이 상권이 좋을까? 답은 4번이다. 두 개의 연결도로를 끼고 있는 4번의 상권이 가장 세다.

2번과 3번을 비교해 보자. 공통적으로 한 개의 파란색 비연결도로, 한 개의 빨간

연결도로를 끼고 있다. 차이점은 지하철역까지의 거리이다. 3번보다 2번이 지하철역과 가깝고 상권도 더 세다. 연결도로의 차이점이 없을 경우, 최단 거리가 중요해진다. 그렇다면, 1번과 4번을 비교해 보자. 두 개의 빨간색 연결도로를 끼고 있다는 공통점이 있다. 반면, 1번이 지하철역까지 더 가까우므로 더 좋은 입지라고 생각할 수 있다. 하지만 틀렸다. 이곳은 두 개의 집객시설이 있다. 바로 대기업 사옥(두산, 네이버)이다. 그것은 지도에서 7시 방향에 위치해 있고 직장인들은 대각선 화살표 방향으로 움직인다. 이 상권의 메인 이용층인 직장인들 입장에서 봤을 때 그들의 최단 거리 루트는 1번이 아니라 4번이다. 따라서 집객시설을 고려했을 때 4번이 1번보다 최단 거리가 되므로 더 좋은 입지이다.

종합적으로 연결도로, 최단 거리, 집객시설을 고려했을 때, 이 지역에서 가장 좋은 입지는 4번이 된다. 이런 방법으로 지도만 보고도 어느 곳이 가장 센 입지인지 파악할 수 있다.

문제 3

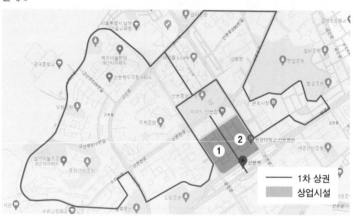

수요에 관한 문제이다. 수요는 그 상권을 이용하는 사람을 뜻한다. 군포의 산본 지역이다. 산본역을 중심으로 용도지역이 근린상업시설로 형성되어 있으며, 좌우대칭 형태이다. 1번과 2번 중 어느 상권이 더 셀까? 1번과 가까운 지역의 배후 세대가 2번 지역의 배후 세대를 압도한다. 1번 쪽 배후 세대가 훨씬 크고 그들이 주로 이동하는 동선 역시 1번 쪽이다.

동일 상권이라고 볼 수 있을 정도로 작은 근린상업시설이지만 1번 지역의 상권이 더 우수하다. 1번 지역의 평당 임대료가 2번 지역보다 더 높다. 실제 현장 임장을 다녀 보면 확실히 1번 지역으로 사람들이 많이 다니고 상권이 활성화되어 있음을 확인할 수 있다.

신도시 택지지구의 경우 상권이 서서히 형성된다. 초기에 좋은 입지의 상가를 선점하는 것이 매우 중요하다. 주변 배후 세대의 크기, 그들이 주로 이동할 길을 지도를 보고 판단할 수 있다면 수익은 보장된다.

문제 4

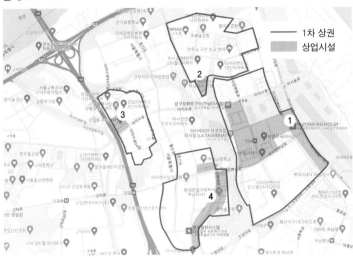

마지막으로 상가 공급이 많은 하남 미사역 근처이다.

흔히, 경기도 하남 미사역은 상가 공급이 많아 분양 상가의 무덤이라는 오명이 있다. 사실이다. 미사역 상업 지역에는 상가 공급이 많다(지도의 1번 지역이 미사역 메인 상권). 지금도 공실이 어느 정도 존재한다. 그 이유는 그 상권을 이용하는 사람 수 대비 상가의 공급이 많기 때문이다.

지적편집도를 기반으로 하남 미사의 상업지를 빨간색으로, 그리고 그 상권을 도보로 이용하는 1차 상권의 범위를 파란색으로 표기했다. 상업지의 크기(=공급) 대비 1차 상권의 크기(=수요)가 직관적으로 보인다. 미사역에 상가 공실이 많다라고 했을 때는 1번 지역을 얘기한다. 하지만 2번 지역을 보면 1차 상권의 크기 대비 상업지의 규모가 작다. 즉, 공급이 많지 않다는 것이다. 실제로 2번 지역 현장 임장을 가보면 상가 임대료가 높고 공실은 거의 없는 편이다.

상가 공급이 많기로 소문난 미사에 투자를 하는 것은 잘못된 일이 아니다. 수요 대비 공급을 파악해서 미사 지역 내 우수한 지역을 선택하면 된다. 1번 지역보다는 2번 지역을 추천한다. 이렇게 지도만 보고도 직관적으로 공급이 많은지 적은지 파악하는 연습을 계속 하길 바란다.

덧붙여 요즘 경매 물건으로 세종특별시 상가가 많이 나온다. 대표적인 상가 공급 과잉 지역이다. 상가의 공급이 많아 절대 사면 안 되는 물건이 매우 많다. 하지만 간혹 상가의 공급이 주변 배후 세대의 크기(수요) 대비 과잉이 아닌 물건들도 있다. 지도를 보면서 수요와 공급을 확인하는 연습을 하다 보면 숨은 보석을 찾을 수 있다.
문제 속 군포 산본 지역과 하남 미사 지역처럼 말이다. 상가 입지 분석의 핵심 3요소를 명확하게 인지하고 꾸준히 분석하다 보면 최소한 손해 보며 상가를 사는 일은 절대 없을 것이다.

전체적인 큰 틀에서, 수요는 이렇듯 지도만 보고도 분석할 수 있다. 배후 세대의 크기와 그들의 주동선, 연결도로의 상황과 지하철역 또는 버스역 등 집객시설의 위치를 파악한다.

내가 이 지역에 산다면 주로 어느 길로 다닐지 시뮬레이션해 보는 것이다. 이런 연습을 계속 하다 보면 상권을 분석하는 힘이 조금씩 누적되고 그 상권 내에 있는 개별 상가에 대한 가치분석이 더 정확해진다. 우선 상권 전체를 보며 어느 쪽의 수요가 강한지 파악하고 해당 물건에 대한 세부적인 임대 시세 조사를 하면 된다.

다음으로 상가의 공급을 확인해야 한다. 부동산도 수요와 공급의 법칙이 적용된다. 아파트 가격을 예측할 때, 많은 전문가가 꼭 말하는 포인트가 아파트 입주 물량이다. 공급이 많으면 가격이 내려가고, 공급이 적으면 가격이 올라간다. 물론 공급만으로 아파트 가격을 전부 설명할 수 없다. 아파트의 경우 금리와 시장 심리 또한 가격에 영향을 미치기 때문이다.

상가의 경우 아파트보다 단순하다. 상가의 공급과 그 상가를 이용하는 세대 수(수요)를 확인하면 된다. 주요 세대 수 대비 상가의 공급이 많고 적은지에 따라 평당 임대료가 결정되고 이는 곧 상가의 적정 가치로 매겨진다.

## 5. 토지

토지 입지 분석에 있어 중요한 요소는 용도지역과 도로 조건이다. 부동산 공법이 적용되는 부분이다. 처음 접하는 분들은 어려울 수 있기에 쉽게 풀어서 설명해 보겠다.

### 1. 용도지역

용도지역을 한마디로 정의하면, 토지의 신분이다.

과거 조선시대에 왕족, 양반, 중인, 양민, 노비라는 신분 제도가 있었듯이 토지에도 각 용도지역별로 중요도가 정해져 있다. 토지는 각 필지별로 용도지역이 정해져 있고(간혹 1필지에 두 개 이상의 용도지역이 있는 경우도 있음) 경우에 따라 그 용도지역이 종상향되기도 한다. 필지는 구획된 논이나 밭, 임야, 대지 따위를 세는 단위이며, 하나의 필지당 하나의 지번이 붙는다.

예를 들어, 대규모 택지 지구가 개발되며 신도시가 들어서면 예전에 논밭이었던 생산녹지지역이 아파트를 지을 수 있는 2종일반주거지역으로 종상향이 된다. 생산녹지지역에서 2종일반주거지역으로 용도지역이 바뀐 것을 종상향(신분 상승)되었다고 한다. 왜 좋은지 이해가 되는가?

생산녹지지역에서는 건물을 좁고 낮게 지을 수밖에 없는데 2종일반주거지역에서는 아파트처럼 건물을 넓고 높게 지을 수 있는 것이다. 즉, 건물을 더 많이 지을 수 있는 땅이 되고, 땅값이 올라간다.

그렇다면, 왜 각 토지마다 용도지역이라는 신분을 정해 놓았을까? 사실 단순한 논리이다. 모든 토지주는 자기 땅에 넓고 높은 건물을 지었으면 한다. 하지만 모든 토지에 아파트, 빌딩만 짓는다면 국토의 균형적인 발전을 이룰 수 없다.

건물이 중구난방으로 지어지고 도시는 무질서, 비효율적으로 팽창할 것이다. 이를 막기 위해 국토부와 지자체에서 법과 조례를 통해

• 토지의 신분제

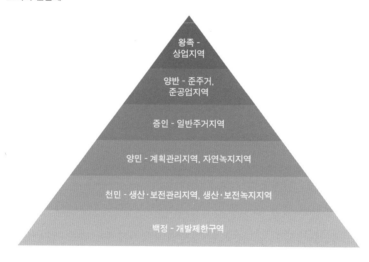

각 토지별로 용도지역을 정한 것이다. 입지에 따라 다르겠지만 건폐율과 용적률 기준으로 토지의 신분을 나눠 보겠다.

토지의 신분이 높을수록 그 땅을 효율적으로 사용 가능하기에 넓고 높게 건물을 지을 수 있다.

그럼 토지의 왕족은 누구일까? 바로 상업지역이다. 상업지역은 중심상업지역, 일반상업지역, 근린상업지역 등으로 나뉘는데, 여기서는 통틀어 상업지역이라고 하겠다. 우리나라의 대표적인 상업지역은 강남역 일대, 테헤란로 일대이다. 지적편집도로 봤을 때, 분홍색으로 나타나는 지역이며 고층 빌딩들이 즐비한 곳이다.

토지의 양반은 준주거지역, 준공업지역이다(공업지역은 일반인이 투자

• 우리나라의 대표 상업지역인 강남

• 현재 가장 떠오르는 준공업지역인 성수동 일대

성수동 준공업지역

하는 경우가 없기에 제외). 요즘 가장 떠오르는 준공업지역이 서울의 성수
동과 문래동이다. 건폐율과 용적률이 높은 지역이기에 지식산업센터
와 같은 넓고 높은 빌딩을 지을 수 있다.

토지의 중인은 일반주거지역이다. 아파트를 지을 수 있는 2종, 3종
일반주거지역을 포함해 주로 단독주택이 있는 1종일반주거지역이
포함된다.

토지에서 양민은 비도시지역의 계획관리지역, 도시지역의 자연녹
지지역이라고 볼 수 있다. 이미 개발된 도심지를 제외하고 토지 투자
를 한다고 했을 때, 대부분 이 계획관리지역과 자연녹지지역을 선택
한다. 활용할 수 있는 용도가 넓기 때문이다.

토지에서 노비·천민 계급은 생산관리, 보전관리, 생산녹지, 보전

녹지지역이다. 초보 투자자라면 굳이 이 계급의 땅은 투자하지 않는 게 낫다. 제약이 많아 개발하기 쉽지 않고, 찾는 수요도 적어 수익이 나기 쉽지 않다.

다만, 간혹 이 계급에서 가끔 신데렐라처럼 중인, 양반 심지어 왕족으로 신분 상승을 하는 경우가 있다. 택지지구의 개발로 일반주거지역이나 준주거지역, 상업지역으로 종상향되는 경우이다. 정말 로또 복권에 당첨된 것과 같은 흔치 않은 경우이므로 이것만을 기대하고 투자하는 건 지양해야 한다. 택지지구의 사업시행자가 결정되는 시점 전후로 투자 타이밍을 잡는다면 큰 수익을 기대할 순 있지만 여러 변수도 존재하기에 이 책에서는 다루지 않기로 한다.

간혹 주변에서 신도시 개발 덕분에 한순간에 인생역전했다는 말을 들어본 적 있을 것이다. 드라마 〈재벌집 막내아들〉에서 미래를 아는 주인공이 분당의 땅을 할아버지에게 물려받고 1기 신도시 발표와 함께 어마어마한 수익을 거두는 장면이 이러한 경우이다. 노비·천민 계급의 땅을 수천~수만 평을 가지고 있었는데 그 일대가 개발되면서 중인, 양반, 왕족 계급의 땅으로 환지받아 수익을 올리는 것이다.

마지막으로 토지의 백정 계급은 개발제한구역이다. 3기 신도시급의 대규모 택지 개발을 하게 되면 금싸라기 땅이 되기도 한다. LH 직원들이 내부 정보를 이용해 미리 사서 문제가 됐던 광명시의 개발제한구역 땅이 이런 경우다. 로또 당첨을 알고 미리 사 둔 것이다. 이처럼 개발제한구역에도 이축권을 통해 빛나는 다이아몬드 같은 땅이 되는 경우가 가끔 생기기도 하지만, 일반 초보 투자자가 그런 땅을 살 기회는 없기에 그냥 넘어가겠다.

강남역 상업지역의 땅이 평당 5억 원이 넘는 데 비해 강원도 산골 보전관리지역 밭이 평당 10만 원으로, 약 5,000배나 차이 나는 이유에는 바로 이 토지 신분에 따른 효용가치의 다름도 포함된다.

상업지역 땅이 비싼 이유는 토지 계급에서 '왕족'이기 때문이다. 토지의 신분을 모르는 상태에서 토지 투자를 한다는 것이 얼마나 무모한 일인지 알았으면 한다. 노비 계급의 땅을 사면서 양민 계급의 값을 치르는 경우가 있다. 자연녹지지역의 밭이나 보전녹지지역의 밭이나 육안으로 보기엔 똑같기 때문이다. 배추, 고추를 심은 그냥 밭이다. 그런데 그 둘은 신분 자체가 다르다. 그렇기에 똑같은 값을 치르면 절대 안 된다. 직장인으로서 투자 방향을 토지로 잡았다면, 가장 먼저 용도지역을 확인해야 한다.

2. 도로

두 번째 중요 포인트는 도로이다. '맹지'라는 단어를 들어봤을 것이다. 도로와 접하지 않은 땅으로, 이 땅에서는 어떠한 건축물도 지을 수 없다. 건축물을 지을 수 있는 땅이 되기 위해서는 해당 토지와 접한 도로의 폭이 4m 이상이어야 하며, 도로와 해당 토지가 접한 길이는 2m 이상 되어야 한다. 그 도로를 통해 차량과 사람이 통행 가능해야 하기 때문이다.

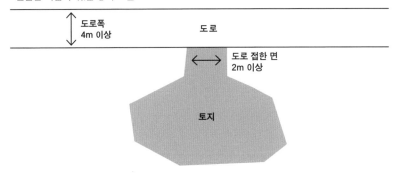

만일 토지의 신분이 왕족인 상업지역이라도 도로와 접하지 않아 맹지라면, 무용지물의 땅이다. 비약하자면 천민보다 못한 땅일 수 있다. 건축할 수 없는 땅은 아무리 태생이 왕족이라도 고추, 양파 밖에 심을 수 없다. 개발제한구역의 보전관리지역과 다를 바 없다.

도로의 중요성이 이해되었는가? 토지의 용도지역, 즉 신분을 무력화시키는 게 도로이다. 그래서 간혹 도로에 접한 아주 작은 토지가 시세를 훌쩍 뛰어넘는 터무니없이 비싼 값에 거래되는 것이다.

토지에 투자할 때 용도지역과 함께 도로를 유심히 살펴본다면 최소한 사기 당하지는 않을 것이다.


3. 절대 사면 안 되는 땅의 일곱 가지 조건

토지 투자를 할 때 꼭 사야 하는 땅은 시세보다 저렴한 땅이다. 또는 향후 가치가 올라갈 땅이다. 토지 전문가라면 저렴하거나 잠재가치가 높고 건축하는 데 아무런 문제가 없는 땅을 쉽게 고를 수 있다. 하지만 초보자에게는 그런 땅을 보는 안목이 부족하다. 그런 능력을 갖는 데까지는 시간이 걸린다. 당연한 일이다.

하지만 초보자라도 절대 사면 안 되는 땅을 알고 있다면, 최소한 실패하지 않는 토지 투자를 할 수 있다. 여러 번 성공하는 투자보다 한 번이라도 실패하지 않는 투자를 하는 것이 더 중요하다. 토지 투자라는 것이 처음에는 어렵지만 이 분야만큼 큰 수익이 나는 부동산이 없다. 경매를 시작하는 직장인 투자자에게도 토지에 대해 적극 소개하는 이유다. 많은 사람이 토지에 대해 친숙해지고 두려움이 없었으면 한다. 꼭 피해야 하는 땅을 하나씩 알아 보자.

첫 번째, 맹지이다.

맹지는 도로와 접하지 않아 건축 허가를 받을 수 없는 땅이다. 농사 짓는 목적 이외에는 다른 용도로 사용할 수 없다. 사용가치가 떨어지기에 땅값이 싼 것이다.

맹지

사진상 빨간색으로 표시한 땅은 노란색으로 표시한 도로와 접하지 않았다. 이런 땅이 맹지이다. 도로와 접한 인접한 땅까지 사서 맹지를 탈출하지 않는 이상 해당 땅에서는 단독으로 건축을 할 수 없다.

두 번째, 축사 인근 땅이다.

가축을 기르는 축사 인근 땅은 악취가 지독하다. 인근에 축사가 있을 경우 맑은 날, 비 오는 날 모두 현장에서 냄새가 얼마나 나는지 확인할 필요가 있다. 축사가 없어지지 않는 한 인근 토지는 주거, 공장, 근린생활시설 용도로 모두 사용하기 힘들다.

축사

실제 소 < 돼지 < 닭 순서로 냄새가 심하다. 축사 인근의 땅은 시세보다 싸게 나왔더라도 웬만해서는 매입하지 않는 편이 낫다.

토목 공사비가 많이 드는 땅

세 번째, 토목 공사비가 많이 드는 땅이다.

예를 들면 경사가 심한 임야를 깎아 법면 작업을 한 땅이다. 사진 속 땅은 한눈에도 토목 공사비가 많이 투입될 것으로 보인다. '배보다 배꼽이 큰' 격이다. 실제로 땅값은 2억 원인데 토목 공사비는 2억 5,000만 원이 나올 수도 있다. 토지 매입 전, 그 지역의 토목설계사무소에 의뢰해서 개략적인 견적을 먼저 산출해야 한다. 땅값과 예측 가능한 토목 비용을 더해 그래도 수익이 나는 경우 매입하면 된다. 하지만 이런 땅은 토지 입문자용으로 추천하지 않는다.

네 번째, 선하지이다.

선하지란 송전탑 아래의 땅을 말한다. 전자파 영향권이라고 할 수 있다. 실제로 선하지에는 '전자·전기' 업종의 공장이 제한된다. 송전선 아래에서 거주하거나 제조업을 하고 싶은 사람은 아무도 없을 것이다. 이런 이유로 저렴한 가격으로 매물이 나오지만, 싸다고 덜컥 사면 안 된다. 나중에 팔기가 정말 어렵다.

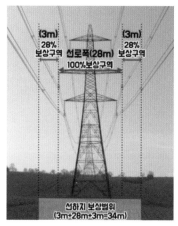

선하지

다섯 번째, 유해시설 인근 땅이다.

대표적인 유해시설은 묘지, 퇴비 공장, 고물상 등이 있다. 이 또한 아주 단순한 논리이다. 내가 싫은 건 남들도 싫다. 그래서 나중에 매도하기가 어렵다. 살 수 있는 땅이 많은데 굳이 이런 땅을 싸다고 덜컥 사는 실수를 범하지 않았으면 한다.

여섯 번째, 지나치게 싼 땅이다.

시세보다 아주 저렴하게 나온 정상 매물이 초보인 나에게까지 올 이유가 있을까? 그런 요행은 바라지 않는 게 맞다. 대부분 문제가 있기에 싸게 나온 것이다. 간혹 시골에 사는 부모가 사망한 후 외지에 살고 부동산을 잘 모르는 자식이 그 토지를 상속받은 경우, 시세 대비 아주 싸게 나오는 경우가 종종 있다. 또는 아주 급한 사정(자식의 사업이 부도 나기 직전 등)이 생겨 정상 물건이 싸게 나올 때가 있다. 이 경우 수일 내로 공인중개사나 그의 VIP 고객이 그 매물을 산다.

대부분의 토지주는 자기 땅의 시세가 얼마인지, 그리고 개발이 가능한 정상 물건인지 아닌지 다 안다. 자신을 토지 초보자라고 생각한다면 시세 대비 너무 저렴한 땅은 지나치길 바란다. 만일 그래도 탐나는 땅이라면 그 토지 주소를 가지고 지역 토목설계사무소에 가서 개발 인·허가를 받을 수 있는 정상 물건인지 반드시 확인하자.

일곱 번째, 너무 외진 곳에 있는 땅이다.

주변에 민가나 공장 등이 없는 외진 곳이라면 투자하지 않기를 추천한다. 왜냐하면 그 땅에는 아직 전기, 상수도, 하수도가 없을 확률이 높다. 주변에서 이런 인프라 시설을 끌고 와야 하는데 이 경우 토목 공사비가 많이 드는 땅처럼 배보다 배꼽이 큰 경우가 발생할 수 있다. 이런 비용들을 전부 고려했는데도 수익이 난다면 투자해도 되지만 초보자가 이런 부담을 안기에는 사실상 어렵다.

위에서 설명한 일곱 가지가 절대 투자하면 안 되는 땅의 조건이다. 하나하나 따지고 보면, 상식적으로도 이해할 수 있는 쉬운 내용들이다. 토지 투자, 생각보다 어렵지 않다. 이런 땅들 피해서 작은 것부터 투자해 보면 된다. 경매를 통해서 토지를 접근한다면, 명도도 필요 없기에 초보자에게 부담도 덜하고 시세보다 싸게 살 수 있어 더 좋은 조건이다.

# 권리 분석 : 딱 5분이면 충분하다

경매 물건은 권리 분석을 스스로 해야 하는 게 가장 어려운 부분이다. 일반 매매의 경우 공인중개사가 권리를 분석 및 검토하고 문제가 발생했을 시 어느 정도 책임도 진다. 하지만 경매는 본인이 권리 분석에 대한 책임을 오롯이 져야 한다. 사람들이 경매를 쉽게 하지 못하는 이유이다. 하지만 공부해 보면 걱정만큼 어렵지 않다. 이렇게 쉬운 거였나 할지도 모른다.

물론 깊은 영역까지 들어가면 어렵고 헷갈리겠지만, 우리가 경매를 하는 가장 근본적인 이유에 대해서 생각해 보자. 경매 마스터가 되기 위한 것인가? 아님 경매라는 수단을 통해 돈을 벌기 위한 것인가? 이 부분을 명확히 짚는다면, 오히려 부담감이 줄어들 것이다.

부동산 경매 물건은 크게 두 가지로 나뉜다. 일반 물건과 특수 물건이다. 특수 물건의 경우, 유치권 깨는 방법, 법정지상권 성립 여부

판별법, 선순위 임차인 판별 방법, 주택·상가 임대차보호법, 대지권 미등기, 지분 물건 등 파고들기 시작하면 사례가 너무 다양해 각각의 사항들에 대한 법, 조례, 판례 등을 공부하고 숙지해야 한다. 그럼에도, 항상 100% 해결해 수익을 거둔다는 보장이 없다. 진짜 현실 세계에서는 그렇다. 특수 물건을 전문적으로 다루는 투자자도 문제가 생겨 수익은커녕 손해를 보는 경우도 있다. 대부분 그런 사례는 알리지 않을 것이다.

하지만 경매 물건의 90% 이상, 즉 대부분이 일반 물건이다. 일반 물건을 경매를 통해 돈을 벌고 싶다면, 권리 분석에서는 딱 두 가지 핵심 사항만 숙지하면 된다. 말소기준권리와 대항력이다. 이것만 알아도 경매 물건의 90% 이상을 권리 분석할 수 있다.

넓은 바다, 많은 물고기가 있는 곳에서 낚시를 해야 더 많은 물고기를 낚을 수 있지 않겠는가. 경매 초보라면 일반 물건에만 집중하길 바란다. 특수 물건은 차차 각자에게 맞는 영역이 생길 것이다. 나의 경우는 특수 물건 중에서도 유치권 물건을 집중적으로 파고든다. 그렇게 자신의 주특기를 하나씩 찾아 나가면 된다. 이제 시작하는 분들에게 유치권까지 설명한다면, 머릿속에 개념이 제대로 잡혀 있지 않는 와중에 많은 정보가 들어가 뒤죽박죽 섞이며 헷갈리고, 경매는 어렵다고 생각하며 포기할 것이다. 그런 분을 주변에서 많이 봤다. 이제 엉금엉금 기어 다니는 아기에게 뛸 것을 강요하면 안 되는 것처럼, 천천히 단계별로 나아가면 된다. 절대 조급해 하지 말고 딱 두 가지, 말소기준권리와 대항력에 대해서만 확실하게 기초를 다지길 바란다.

이것만 알아도 경매 물건 90%는 권리 분석을 할 수 있다.

## 1. 말소기준권리

말소기준권리란, 말소(기록되어 있는 사실 따위를 지워서 아주 없애 버림)와 기준권리(기준이 되는 권리)라는 단어의 결합이다. 즉, 말소기준권리는 기록되어 있는 사실 따위를 지워서 아주 없애 버리는 기준이 되는 권리라는 뜻이다.

먼저, 부동산 경매의 목적에 대해서 알아보자. 예를 들어, A라는 부동산이 있는데 매매 시세가 1억 원이다. 그런데 근저당(채권, 빌린 돈)이 8,000만 원, 압류(채권자 등의 신청을 받은 국가기관이 강제로 다른 사람의 재산처분이나 권리행사 등을 못하게 하는 것)가 5,000만 원이 있다면, 이 물건의 [근저당 + 압류] 금액은 1억 3,000만 원이므로, 매매 시세인 1억 원보다 높아진다. 이 물건을 사면 오히려 3,000만 원의 손해를 보는 셈이니 시장에서 정상적으로 거래되지 못한다. 이 경우 채권자(돈을 빌려 준 사람)들이 채권 일부라도 회수하기 위해 법원에 해당 부동산의 경매를 신청한다.

법원은 부동산 경매 신청 내역을 검토 후 합당하다고 판단되면 경매를 진행시킨다. 이후, 일반인에게 해당 물건을 공개 매각한다는 사실을 알리기 위해 법원 사이트를 통해 공지한다. 여기서 법원은 공인중개사 역할을 한다고 보면 된다.

법원의 부동산 경매를 통하면, 해당 부동산 등기부등본에 덕지덕지 붙어 있는 근저당, 압류 등이 법원의 직권으로 깨끗이 소멸, 말소된다. 즉, 시장에서 정상 거래가 불가능한 불량 물건이 정상 물건으로 바뀌게 된다.

만일 법원의 경매 제도가 없었다면 어떻게 될지 생각해 보자. 세월이 쌓이면서 여러 권리관계가 등기부등본상에 등기되면(근저당, 압류, 가등기 등) 수많은 부동산이 일반 매물로 소화될 수 없는 상태에 이르게 된다.

부동산 시장에 '암' 같은 존재인 불량 매물이 쌓이면, 원활한 거래가 이뤄지지 않으며 시장 전체가 죽는 사태가 발생한다. 이런 현상을 방지하고 더럽혀진 부동산 물건을 깨끗이 세탁(여러 등기사항을 모두 말소)하여 정상 일반 매물로 만드는 역할을 부동산 경매가 담당하는 것이다.

이제 부동산 경매의 목적이 이해되었는가? 여기서 핵심 키워드가 바로 '말소기준권리'이다. 경매를 통해 말소기준권리 이후 기입된 모든 권리가 소멸된다. 다음은 말소기준권리가 될 수 있는 등기사항이다.

1. 근저당(저당)
2. 가압류(압류)
3. 담보가등기
4. 경매기입등기(등기부등본에 '강제경매 개시 결정'이라고 표시되어 있음)
5. 선순위 전세권(경매 신청 또는 배당 요구를 한 경우)

등기부등본에 위의 권리가 여러 개인 경우 가장 앞선 순위(등기부등본상에 접수 날짜가 빠른 순)에 있는 권리가 말소기준권리가 된다.

　말소기준권리에 대한 기본 정의를 알았으니, 실제 사례를 바탕으로 권리 분석을 해 보자. 전체 경매 물건의 90% 이상이 개념만 알면 바로 맞다, 아니다로 판단할 수 있는 단순한 형태임을 알 수 있을 것이다.

### 문제로 풀어 보는 말소기준권리

말소기준권리란, 부동산 경매에서 부동산이 낙찰될 경우, 그 부동산에 존재하던 권리가 소멸하는지 아니면 그대로 남아 낙찰자에게 인수되는지를 결정 짓는 기준이 되는 권리이다. 실제 건물등기부를 확인하며 말소기준권리를 확인해 보자.

### 문제 1

**건물등기부** ( 채권액합계 : 2,922,629,763원 )

| No | 접수 | 권리종류 | 권리자 | 채권금액 | 비고 | 소멸여부 |
|---|---|---|---|---|---|---|
| 1(갑12) | 2013.09.03 | 소유권이전 (매매) | (주)흥 | | | |
| 2(을12) | 2019.08.30 | 근저당 | 국민은행<br>(     산업단지지점) | 477,600,000원 | 말소기준등기 | 소멸 |
| 3(을13) | 2019.08.30 | 근저당 | 국민은행 | 128,400,000원 | | 소멸 |
| 4(갑14) | 2020.03.18 | 압류 | 국(김포세무서장) | | | 소멸 |
| 5(갑15) | 2020.03.30 | 가압류 | 신용보증기금 | 994,500,000원 | 2020카단10242 | 소멸 |
| 6(갑16) | 2020.04.01 | 가압류 | 경기신용보증재단 | 78,749,987원 | 2020카단501931 | 소멸 |
| 7(갑17) | 2020.10.27 | 압류 | 국민건강보험공단 | | | 소멸 |
| 8(갑19) | 2021.09.07 | 가압류 | 홍기 | 63,313,591원 | 2021카단11248 | 소멸 |
| 9(갑21) | 2021.12.28 | 가압류 | 국민은행 | 177,367,561원 | 2021카단842 | 소멸 |
| 10(을14) | 2022.02.24 | 근저당 | 김 | 30,000,000원 | | 소멸 |
| 11(을15) | 2022.02.24 | 근저당 | 홍 | 15,000,000원 | | 소멸 |
| 12(을16) | 2022.02.24 | 근저당 | 김용 | 13,000,000원 | | 소멸 |
| 13(을17) | 2022.02.28 | 근저당 | 김산 외 2명 | 564,000,000원 | | 소멸 |
| 14(갑23) | 2022.03.10 | 임의경매 | 국민은행<br>(     여신관리센터) | 청구금액:<br>606,000,000원 | 2022타경987 | 소멸 |
| 15(갑24) | 2022.03.22 | 가압류 | 중소기업은행 | 309,127,948원 | 2022카단804769 | 소멸 |
| 16(갑25) | 2022.05.12 | 가압류 | 정순 | 9,431,628원 | 2022카단52 | 소멸 |
| 17(갑26) | 2022.05.25 | 가압류 | (주)일 | 47,139,048원 | 2022카단103108 | 소멸 |

해당 물건은 감정가 10억 7,000만 원, 채권액 합계 29억 2,000만 원이다. 채권액이 감정가보다 크기에 일반 매매가 되지 않는 물건이다. 여러 채권자가 근저당, 압류

등을 등기했다. 이 중 말소기준권리가 가능한 근저당, 압류, 가압류가 보인다. 이 경우 가장 앞선 순위(접수 날짜가 가장 빠른 경우)가 말소기준권리가 된다.

[2019.08.30 근저당, 국민은행, 4억 7,760만 원]이 말소기준권리가 되며, 이 등기를 포함해 이보다 늦게 접수된 모든 등기사항이 소멸, 즉 말소된다. 이 물건이 낙찰되면 낙찰자 이름으로 소유권이전 등기가 되고 나머지 등기사항들(근저당, 압류, 가압류 등)은 취소선이 그어지며, 깨끗하게 사라진다. 즉, 경매를 통해 물건이 세탁이 되고 정상 매물이 된다.

## 문제 2

**• 등기부현황**  ( 채권액합계 : 411,532,437원 )

| No | 접수 | 권리종류 | 권리자 | 채권금액 | 비고 | 소멸여부 |
|---|---|---|---|---|---|---|
| 1(갑25) | 2018.06.12 | 소유권이전(매각) | 마ㅇ송 | 임의경매로 인한 매각 2017타경    , 각 1/2 | | |
| 2(을11) | 2018.06.12 | 근저당 | 하나은행 죽지점 | 358,800,000원 | 말소기준등기 | 소멸 |
| 3(을12) | 2019.03.07 | 근저당 | 하나은행 | 33,000,000원 | | 소멸 |
| 4(을13) | 2019.11.20 | 근저당 | 박ㅇ | 12,000,000원 | | 소멸 |
| 5(갑29) | 2020.07.08 | 송도순지분압류 | 국(고양세무서장) | | | 소멸 |
| 6(갑32) | 2021.06.01 | 송도순지분압류 | 국(동수원세무서장) | | | 소멸 |
| 7(갑35) | 2021.12.30 | 송도순지분압류 | 국민건강보험공단 | | | 소멸 |
| 8(갑36) | 2022.01.10 | 송도순지분가압류 | 삼성카드(주) | 7,732,437원 | 2021카단1605 | 소멸 |
| 9(갑37) | 2022.06.13 | 강제경매 | 마ㅇ | | 2022타경3898 | 소멸 |

이 물건은 2018년에 누군가 경매로 취득했다가 다시 경매로 나온 경우이다. 말소기준 권리가 될 수 있는 근저당, 압류, 강제경매가 등기되어 있다.

이 중 순위가 가장 빠른 [2018.06.12 근저당, 하나은행, 3억 5,880만 원]이 이 물건의 말소준권리가 되며 이 등기를 포함해 이후 접수된 모든 등기는 소멸된다. 낙찰자 입장에서 '인수'할 권리가 없으므로, 다른 등기는 모두 소멸되어 깨끗해진 부동산을 갖게 되는 것이다.

## 문제 3

**• 토지등기부**  ( 채권액합계 : 6,296,501원 )

| No | 접수 | 권리종류 | 권리자 | 채권금액 | 비고 | 소멸여부 |
|---|---|---|---|---|---|---|
| 1(갑1) | 1981.08.12 | 소유권보존 | 박ㅇ | | | |
| 2(갑2) | 2010.11.19 | 소유권이전 청구권가등기 | 강ㅇ | | 매매예약 | 인수 |
| 3(갑3) | 2011.01.21 | 소유권이전(매매) | 강ㅇ | | | |
| 4(갑4) | 2011.10.07 | 소유권이전(매매) | 박ㅇ | | 거래가액:2.000.000 | |
| 5(갑5) | 2021.01.26 | 가압류 | 신한카드(주) | 6,296,501원 | 말소기준등기 2021카단10079 | 소멸 |
| 6(갑6) | 2022.04.25 | 강제경매 | (주)대한채권관리대부 | 청구금액: 7,739,886원 | 2022타경32513 | 소멸 |

이 물건의 권리 종류를 살펴보면, 소유권이전청구권가등기, 가압류, 강제경매가 있다. 말소기준권리가 될 수 있는 권리는 가압류와 강제경매로 접수 순서가 가장 빠른 [2021.01.26 가압류, 신한카드, 630만 원]이 말소기준권리가 되며, 이 권리를 포함해 이후 모든 권리가 소멸된다. 청구권가등기는 말소기준권리가 될 수 없고 이 물건의 말소기준권리인 가압류보다 먼저 접수된 선순위이므로 소멸되지 않는다.

낙찰자가 '인수'해야 하는 권리가 되는 것이다. 이 권리는 낙찰 후 권리행사므로, 소유권이전청구권이 등기된다면, 낙찰자가 아니라 권리자인 '강**' 씨에게 명의가 넘어간다. 낙찰자는 잔금을 치르고도 이 물건의 소유권을 잃게 되는 상황이다. 말소기준권리 이전에 접수된 청구권가등기로 인해 소유권을 잃게 되므로, 이런 물건은 절대 피해야 한다.

**말소기준권리가 되는 다섯 가지 기준**

1. (근)저당 : 은행에서 돈을 빌릴 때 부동산을 담보로 돈을 빌릴 경우(가장 흔한 경우).
2. (가)압류 : 차압의 개념, 처분을 금지하기 위해 설정하는 등기.
3. 담보가등기 : 돈을 빌려줄 때 부동산에 가등기하여 돈을 갚지 않을 때 부동산을 처분하거나 취득할 수 있는 권리.
4. 경매기입등기 : 법원의 경매를 개시해도 된다는 허락을 받고 생긴 권리.
5. 선순위 전세권 : 가장 선순위로 있는 상황에서 배당 요구 또는 경매를 신청한 경우.

## 2.대항력

대항력이란, 임차주택·상가가 매매나 경매 등의 사유로 임대인이 변경될지라도 그 임차주택·상가의 양수인에 관하여 임대차의 내용을 주장할 수 있는 법률상의 권리이다. 쉽게 말해서 대항력이 없으면 낙찰자가 임차인을 명도할 수 있다. 즉, 내보낼 수 있다는 말이다. 반대로 대항력이 있다면, 낙찰자가 임차인을 내보낼 수 없다.

따라서 임차인 입장에서는 대항력이 무조건 필요하고, 낙찰자 입장에서는 대항력 있는 임차인이 있다면 골치가 아파진다. 재계약을 하거나 보증금을 반환해 주는 식으로 임차인과 협상을 해야 하기 때문이다. 그렇다면, 대항력을 갖추려면 어떤 요건이 있어야 할까?

대항력의 요건 : 계약 + 인도 + 전입

대항력이 있는 임차인이 되기 위해서는 말소기준권리가 될 수 있는 근저당권, ㈜압류, 가등기보다 앞서 임대차 계약을 하고, 주택·상가를 인도(이사)받고, 해당 부동산에 주민등록·사업자등록 전입해야만 한다.

말소기준권리 이전에 계약, 인도, 전입이라는 세 가지 요건을 모두 만족해야 대항력이 생긴다. or 조건이 아니라 and 조건이다.

이 중 하나라도 부족한 경우, 대항력이 없다. 예를 들어, 말소기준권리 이전에 계약 및 인도를 마쳤으나 전입을 못 했다면, 대항력이 없다. 참고로, 대항력 발생 시점은 전입신고를 한 다음 날 0시부터 효력이 발생한다. 1월 1일 이사 후 전입신고를 했다면 1월 2일 0시부터 대항력이 발생한다.

## 문제로 풀어 보는 대항력

대항력 유무 확인이란, 경매 임대인이 변경된 상황에서도, 임차인이 그 임차주택 혹은 상가의 낙찰자에게 임대차의 권리를 주장할 수 있는지 알아보는 과정이다. 실제 건물 등기부를 확인하며 대항력 여부를 확인해 보자.

### 문제 4

**• 임차인현황** ( 말소기준권리 : 2014.05.07 / 배당요구종기일 : 2022.11.25 )

| 임차인 | 점유부분 | 전입/확정/배당 | 보증금/차임 | 대항력 | 배당예상금액 | 기타 |
|---|---|---|---|---|---|---|
| (주)제이에스 | 점포 정메디프라자 601호 16.0000㎡ | 사업등록: 2021.07.21<br>확정일자: 2021.07.21<br>배당요구: 없음 | 보2,500,000원<br>월250,000원<br>환산2,750만원 | 없음 | 배당금 없음 | 김재승 |
| 정○○ | 점포 정메디프라자 6층 6<br>011호 9.0000㎡ | 사업등록: 2022.04.12<br>확정일자: 미상<br>배당요구: 없음 | 보1,500,000원<br>월150,000원<br>환산1,650만원 | 없음 | 배당금 없음 | |

임차인수: 2명 , 임차보증금합계: 4,000,000원, 월세금: 400,000원

**기타사항**
• 현장을 방문하여 만난 여성인(정○○)에 의하면, 계시외 호실(6011호)을 임차(보증금 150만 원, 월세 15만 원)하여 자신이 사용하고 있다고 하는 바. 위 여성에게 안내문을 교부함. 한편, 전입세대열람내역서에 의하면, '해당주소의 세대주가 존재하지 않음'이나. 상가건물임대차 현황서에는 제3 자가 임차인으로 등록되어 있으므로 등록된 제3자를 임차인으로 보고함.
• 구체적인 임대차 관계는 전입세대열람내역서, 상가건물임대차 현황서 등에 기재된 내용과 현장에서 만난 점유자의 진술에 의하여 작성함

**• 등기부현황** ( 채권액합계: 147,600,000원 )

| No | 접수 | 권리종류 | 권리자 | 채권금액 | 비고 | 소멸여부 |
|---|---|---|---|---|---|---|
| 1(갑12) | 2014.05.07 | 소유권이전(매각) | 남○ | 임의경매로 인한 매각 2012타경 등번12 | | |
| 2(을5) | 2014.05.07 | 근저당 | 중소기업은행<br>(염창역지점) | 147,600,000원 | 말소기준등기 | 소멸 |
| 3(갑15) | 2022.09.14 | 임의경매 | 중소기업은행<br>(여신관리부) | 청구금액:<br>109,901,131원 | 2022타경68826 | 소멸 |

해당 물건의 경우 말소기준권리는 [2014.05.07 근저당, 중소기업은행, 1억 4,760만 원]이다. 이를 포함한 이후 권리 모두 소멸되고 등기부등본은 깨끗해져 문제없는 정상 물건이 된다.

임차인의 경우, [말소기준권리 2014.05.07.]보다 사업자 등록을 늦게 했다.

㈜제이***** : 사업자등록 2021.07.21.
정** : 사업자등록 2022.04.12.

임차인이 대항력을 가지려면 계약+인도+전입을 말소기준권리보다 앞서 해야 하는데, 이 경우에는 임차인 두 명 모두 전입(사업자 등록)이 늦었다. 대항력이 없고 명도 대상이다. 낙찰자는 해당 임차인들에게 퇴거하라고 말할 권리가 있는 경우다. 임대료가 협의된다면 재계약할 수도 있다. 낙찰자는 여러 옵션을 다 갖고 있는 상황인 것이다.

## 문제 5

### • 임차인현황 ( 말소기준권리 : 2018.08.16 / 배당요구종기일 : 2021.10.05 )

| 임차인 | 점유부분 | 전입/확정/배당 | 보증금/차임 | 대항력 | 배당예상금액 | 기타 |
|---|---|---|---|---|---|---|
| ㈜삼부 | 점포 지하실 일부(근생시설 64.55제곱미터) | 사업등록: 2018.01.15<br>확정일자: 미상<br>배당요구: 2021.09.10 | 보5,000,000원<br>월440,000원<br>환산4,900만원 | 있음 | 소액임차인 | 대표자 강·  [현황서상 사:2018.01.05] |
| ㈜정: | 점포 1층 101호 근린생활시설 공방 | 사업등록: 2020.03.25<br>확정일자: 미상<br>배당요구: 2021.10.01 | 보10,000,000원<br>월550,000원<br>환산6,500만원 | 없음 | 배당금 없음 | 대표자 박 |
| 김' | 점포 102 상가 전부 | 사업등록: 2016.04.26<br>확정일자: 미상<br>배당요구: 2021.10.01 | 보5,000,000원<br>월500,000원<br>환산5,500만원 | 있음 | 소액임차인 | |
| 서: | 주거용 2층 전부 | 전입일자: 2014.08.22<br>확정일자: 2014.08.22<br>배당요구: 2021.09.30 | 보270,000,000원 | 있음 | 배당순위있음 | |
| 오 | 주거및영업용 2층 201호 | 전입일자: 2020.06.04<br>확정일자: 미상<br>배당요구: 없음 | 보270,000,000원 | 없음 | 배당금 없음 | |
| 이 | 점포 103호 전부 | 사업등록: 2012.10.26<br>확정일자: 미상<br>배당요구: 2021.10.05 | 보5,000,000원<br>월600,000원<br>환산6,500만원 | 있음 | 전액매수인인수 | [현황서상 차:605,000원] |

여러 명의 임차인이 있는 경우다. [말소기준권리 2018.08.16.]보다 빨리 사업 등록(상가) 또는 전입(주택)을 등록한 임차인도 있고, 늦게 한 임차인도 있다.

사업 등록·전입일자가 말소기준권리보다 앞선 경우, 임차인은 대항력이 있다. 낙찰자가 임차인을 내보낼 수 없다. 이 물건에서는 '㈜삼부****', '김**', '서**', '이**' 씨가 대항력이 있다.

반면, 사업 등록·전입일자가 말소기준권리보다 늦은 경우 대항력이 없으므로 낙찰자가 임차인을 내보낼 수 있다. 이 물건의 '㈜정**', '오**' 씨는 대항력이 없다.

## 문제 6

### • 임차인현황 ( 말소기준권리 : 2020.01.29 / 배당요구종기일 : 2021.08.09 )

| 임차인 | 점유부분 | 전입/확정/배당 | 보증금/차임 | 대항력 | 배당예상금액 | 기타 |
|---|---|---|---|---|---|---|
| 김 | 주거용 전부 | 전입일자: 2019.02.01<br>확정일자: 2019.01.11<br>배당요구: 2021.07.23 | 보192,000,000원 | 있음 | 배당순위있음 | 경매신청인 |

| 임차인분석 | ☞본 건 부동산에 임하여 전입세대열람내역에 등재된 세대주를 만나 조사한 바 본인의 가족만이 임차인으로서 거주할 뿐 다른 세입자 없다고 함(안내문교부)<br>▶매수인에게 대항할 수 있는 임차인 있으며, 보증금이 전액 변제되지 아니하면 잔액 매수인이 인수함 |
|---|---|
| 전문가멘트 | ☞본건 교부청구금액 중 당해세, 법정기일이 빠른 조세채권,4대보험 공과금채권이 있을 경우 임차인보다 먼저 배당될 수 있고, 이로 인하여 매수인에게 대항할 수 있는 임차인의 보증금 인수금액이 발생 할 수 있으니 주의하시기 바랍니다. |

### • 등기부현황

| No | 접수 | 권리종류 | 권리자 | 채권금액 | 비고 | 소멸여부 |
|---|---|---|---|---|---|---|
| 1(갑2) | 2019.02.01 | 공유자전원지분전부이전 | 정: | | 매매 | |
| 2(갑3) | 2020.01.29 | 압류 | 국(광주세무서장) | | 말소기준등기 | 소멸 |
| 3(갑4) | 2021.05.27 | 강제경매 | 김 | 청구금액:<br>192,000,000원 | 2021타경1705 | 소멸 |
| 4(갑5) | 2022.07.27 | 압류 | 관악구(서울특별시) | | | 소멸 |

등기부 현황상 말소기준권리가 될 수 있는 권리는 압류, 강제경매, 압류가 있고 이 중 접수 순서가 가장 빠른 압류, [국(광주세무서장)]이 말소기준권리가 된다. 이를 포함해 이후 권리는 모두 소멸되어 이 물건의 등기부등본은 깨끗해지고 정상 일반 물건이 된다.

임차인의 경우, [말소기준권리 2020.01.29.]보다 앞서 임차인이 [전입 2019.02.01.]을 했다. 대항력 요건인 계약+인도+전입의 세 가지 요건이 말소기준권리보다 앞서기에 대항력이 있다. 전입날짜가 [2019.02.01.]이므로, 이사 들어오는 날 이전에 계약서를 썼고 전입하는 날 해당 부동산을 인도(이사)받았으리라고 예상할 수 있다.

돈을 받아갈 수 있는 권리인 확정일자도 신고했고 [배당 요구종기일 2021.08.09.] 이전에 [배당 요구 2021.07.23.]도 했기에 배당도 받을 수 있는 임차인이다. 대항력이 있는 임차인이므로 임차인의 배당 금액이 보증금 전액(1억 9,200만 원)보다 적을 시, 그 차액만큼 낙찰자가 모두 부담해야 한다. 보증금을 모두 돌려받지 못하면 그 부동산을 계속 점유할 수 있다. 이 경우 낙찰자는 재산권을 제대로 행사하지 못한다. 대항력 있는 임차인이 있을 시, 입찰가를 정할 때 임차인의 보증금을 모두 돌려줘야 하는 걸 반드시 감안해야 한다.

임차인 입장에서는 안전한 물건이고 낙찰자 입장에서는 악성 물건인 것이다.

• 시간에 따른 대항력과 말소기준권리의 유효성

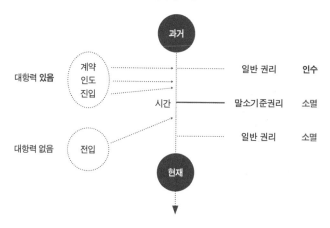

경매 물건의 권리 분석 중 가장 핵심인 말소기준권리와 대항력에 대해 알아 봤다.

말소기준권리를 확인하는 이유는 낙찰자에게 '인수'할 권리가 있는지 살펴보는 것이다. '문제 3'처럼 낙찰을 받고 잔금을 치른 후에 소유권이전청구가등기가 권리 행사되어 소유권을 잃는 경우를 미연에 방지하기 위해서이다. 경매에 있어 최악의 경우이다. 말소기준권리를 포함해 이후 권리들이 모두 소멸되어 등기부등본이 깨끗해지는 물건이 낙찰자에게 안전하다.

대항력이란, 낙찰자에게 대항할 수 있는지 여부를 살펴보는 것이다. 대항할 수 있는 임차인이 없다면 낙찰자는 임차인과 재계약할 수도 있고 바로 내보낼 수도 있는 막강한 권한을 갖는다. 만일 부동산을 전 소유자가 점유하고 있다면 대항력 자체가 성립되지 않는다. 왜냐하면 전 소유자는 임차인이 아니기 때문이다. 신경 쓸 필요도 없는 경우이다.

'문제 6'처럼 대항력 있는 임차인이 있어 보증금을 다 돌려주기 전까지는 내보낼 수 없는 임차인이 있는지 여부도 입찰 전 확인해야한다.

설령, 대항력 있는 임차인이 있더라도 전액 배당을 받게 되는 경우라면 문제될 것이 없다. 대항력 있는 임차인이지만 확정일자도 있고 배당 요구종기일 전까지 배당 요구를 해서 배당받고 나갈 것임을 밝혔기 때문이다.


다시 말하지만 말소기준권리와 대항력만 확인하면 되는 일반 경매 물건이 전체 경매 물건의 90%가 넘는다. 엄밀히 말하자면 95% 이상이다.

자신 있게 말할 수 있다. 위 내용을 읽고 이해한 독자라면, 경매 물건 권리 분석을 어렵지 않게 할 수 있다. 말소기준권리를 찾고 대항력 있는 임차인 여부를 확인하면 된다. 이게 전부다.

**대항력 관련 용어 정리**
- 전입일자 : '대항력(점유권)'을 가질 수 있는 권리(상가의 경우 사업자등록일).
- 확정일자 : 배당금을 받아갈 수 있는 권리(신고한 순서, 일자 대로 배당 받음).
- 배당 요구 : 배당요구종기일까지 배당 요구를 해야 배당금을 받아갈 수 있음.

# 시세 분석 : 손품만 팔아도
# 정확한 데이터를 알 수 있다

물건 분석, 입지 분석, 권리 분석까지 했다. 다음은 시세 분석 단계이다. 경매 물건과 유사한 인근 부동산의 매매, 임대가를 확인하는 것이다. 시세 데이터는 많을수록 좋다. 10개보다는 15개, 20개 등 데이터를 많이 갖고 있을수록 경매 물건의 시세 파악이 정확해진다. 손품과 발품이 모두 필요한데 특히 손품을 미리 들일수록 현장 임장에서 더 많은 것을 확인할 수 있다. 손품으로 시세 데이터를 최대한 많이 모으면, 현장에서 발품할 때는 확인만 거치면 되기 때문이다.

## 1. 아파트

아파트의 시세 분석이 가장 쉽다. 다가구, 상가주택, 상가, 토지로 갈수록 부동산의 개별성이 커진다. 아파트는 평형, 구조, 로얄동, 로얄층 정도만 확인하면 되기에 개별성이 가장 낮은 부동산이다. 아파트 실거래가(매매, 임대)를 알려 주는 사이트들을 이용해서 시세 파악이 가

• '아실'을 이용한 아파트 실거래가 현황

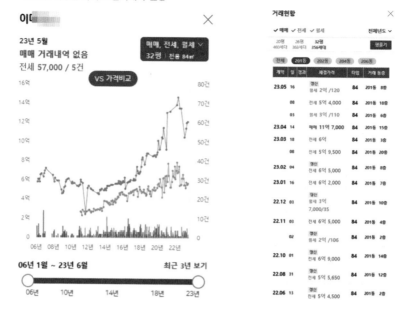

능하다.

위는 아파트 실거래가를 확인할 수 있는 사이트인 '아실'에서 발췌한 데이터이다. 경매 물건의 아파트 단지를 누르면 10년 이상의 실거래 매매·전세 데이터를 그래프로 볼 수 있다. 관심 평형, 동만 필터링할 수도 있다.

뿐만 아니라 해당 아파트 단지 동일 평형대의 모든 실거래 데이터도 필터링해서 확인할 수 있으므로, 입찰 가격을 산정하는 데 도움이 된다.

• 아파트 단지 내 실거래 데이터

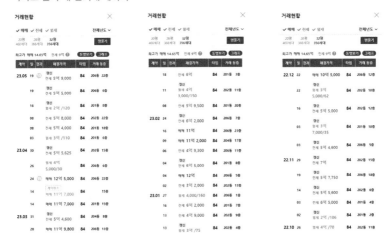

• 현재 진행 중인 아파트 실거래 내역

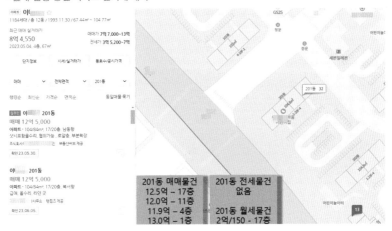

최종적으로 '네이버 부동산'에서 현재 거래되고 있거나 남은 매물을 확인해서 실거래가와 호가 사이의 갭을 확인한다. 이 정도 정보를 손품 팔아 확인한 후 현장 임장을 가고, 공인중개사무소에서 현장 분

위기와 경매 물건의 시세를 묻는다. 충분한 데이터를 미리 확인한 상태이기 때문에 공인중개사의 말 한마디 한마디에 흔들리지 않을 수 있다. 객관적인 시세 확인을 위해 최소 두세 군데의 공인중개사무소 방문을 추천한다.

## 2. 다가구

다가구의 경우 토지의 모양에 따라 건물의 형태도 달라진다. 아파트처럼 호수가 같다고 크기와 평면도가 같시 않다. 경매 물건 인근의 다가구 원룸, 투룸의 크기와 평면이 경매 물건과 같은 경우는 거의 찾을 수 없다. 따라서 아파트처럼 실거래가 사이트 등에서 시세 데이터를 얻기 어렵다.

● 다가구 실거래 정보 맵핑 예시

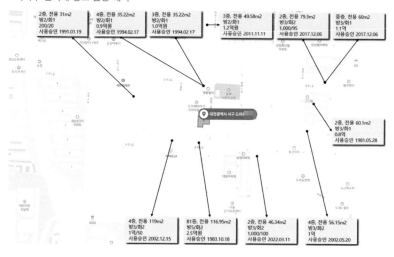

다가구도 일단 손품이 필요하다. 인근 다가구의 임대 시세를 대략적으로 알기 위해서다. 다가구는 평면의 구조가 다양하고 엘리베이터 유무, 연식, 내부 리모델링 여부 등에 따라 임대 시세 차이가 많이 난다. 경매 물건 인근의 원룸, 투룸의 임대 시세를 '네이버 부동산'을 통해 확보한다. 이 내용을 지도 위에 '맵핑'해 두고 현장 임장 때 사용한다. 맵핑이란, 조사하는 물건의 지역 중심으로 비슷한 부동산의 실거래가와 '네이버 부동산' 매물 자료를 취합해 지도 위에 정리하는 것이다. 이 경우, 지도 한 장으로 해당 물건과 유사한 조건의 실거래가와 호가를 한눈에 볼 수 있다는 장점이 있다.

특히 현장 임장 시 맵핑 지도를 들고 물건을 하나씩 눈으로 확인하면, 해당 물건의 가치를 객관적이고 손쉽게 파악할 수 있다. 나만의 특별한 임장 노하우다. 다가구, 상가, 토지 등 특히 개별성이 강한 부동산의 가치를 판단할 때 더욱 유용하다.

그 지역 공인중개사에게는 해당 물건을 콕 찍어 시세를 물어 봐야한다. 아파트보다 개별성이 크기에 편차도 더 크다. 인근 지역 다가구의 내부 구조와 인테리어 정도 등 각각의 숨은 정보는 그 지역 공인중개사만이 알고 있다.

이렇듯 다가구 시세 조사를 할 때 공인중개사의 도움이 특히 필요하므로, 음료수를 한 박스 정도 준비해서 공인중개사무소를 방문하길 추천한다.

## 3. 상가(주택)

상가의 경우 아파트, 다가구보다 개별성이 더 큰 부동산이다. 나 역시 부동산 입문한 지 얼마 되지 않았을 때는 상가의 시세를 조사하는 것이 무척 막막하고 어렵게 느껴졌다. 어디서 정보를 얻을 수 있는지, 누구에게 물어봐야 하는지 알 수가 없었다. 상가 임차인에게 직접 물어 봐도 대부분 잘 알려 주지 않는다. 공인중개사에게 물어 볼 경우에는, 상황에 따라 얻는 정보의 퀄리티와 양이 달랐다. 친절하게 알려 주는 분도 있지만, 대부분은 소극적으로 대답하거나 잘 모른다고 답변했다. 그렇다면 상가의 시세를 어떻게 산출할 수 있을까?

상가의 경우 위치가 정확하게 특정되지 않는 경우가 더 많다. 같은

• 상가 임대 시세 맵핑

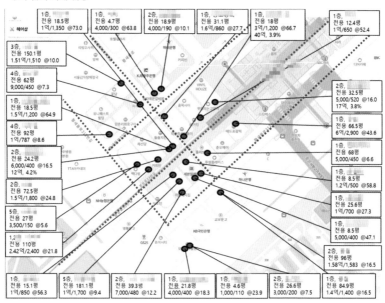

건물에 위치한 상가라도 코너인지, 가운데에 끼어 있는지에 따라 시세 차이가 크다. 정확한 위치와 업종 정보가 필요하기 때문이다. 따라서 손품과 발품을 섞어 시세 조사를 진행해야 한다. 특히 손품을 팔 때는 인터넷 조사만으로 위치를 특정할 수 있는 물건과 현장 확인이 필요한 물건을 구분해 명기한다. 그 자료를 갖고 현장 임장을 다니며 시세 데이터의 정확도를 높여 나간다. 인터넷 지도, 로드 뷰상으로는 확인하기 어려운 부분이 현장에서는 보일 때가 있기 때문이다.

해당 층수, 전용면적, 임대료, 현재 업종, 매매가, 매매 수익률 등 지도 위에 맵핑한 자료를 바탕으로 경매 물건의 적정 임대료를 산출해 내야 한다. 경매 물건과 유사한 조건(층수, 면적, 입지 등)을 가진 물건 시세 데이터가 10개 정도 있다면 적정 시세를 제대로 파악할 수 있다. 흔들리지 않는 확신을 가질 수 있는 것이다.

상가주택의 경우 상가와 다가구의 시세 분석을 혼합해 둔 것이다. 1층은 상가이므로 상가 시세 조사 방식을, 2층 이상의 상층부 주택은 다가구 시세 조사 방식을 따르면 된다.


## 4. 토지·공장

공장과 토지의 시세 분석을 할 때 사용하는 특수한 사이트가 세 개 있다. 각각 '디스코', '밸류맵', '땅야' 라는 사이트이다. '네이버 부동산'도 당연히 이용한다. 현재 나와 있는 매물 정보를 알 수 있기 때문이다. '디스코', '밸류맵'에는 주로 상업용 빌딩, 상가 건물, 공장, 토지에 대한 실거래 정보가, '땅야'에는 주로 토지 실거래 정보가 업데이트된다.

• 토지 시세 분석 사이트 '디스코', '밸류맵', '땅야'

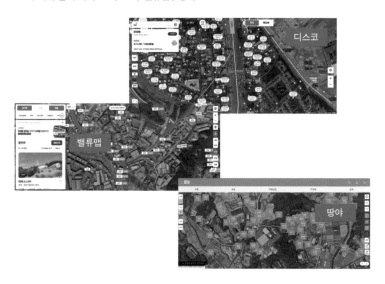

　토지·공장의 시세 분석을 할 때에는 위의 네 가지 사이트를 다 이용해야 하는데, 한 사이트에 있는 실거래 정보가 다른 사이트에는 없는 경우 등이 있기 때문이다. 모두 체크하면서 최대한 많은 자료를 수집해야 한다.

　이런 데이터를 바탕으로 지도에 시세 분석 내용을 표시한다. 물건별로 지번, 용도지역, 지목, 도로 조건, 토지 면적, 건물 면적, 가격, 평단가, 실거래일, (건물)사용승인일 정보를 담는다.

　맵핑 예시 속 밝은 노란색이 경매 물건이고 나머지는 사이트를 이용해서 뽑아 낸 유사한 조건의 물건들의 정보이다. 해당 물건의 용도지역이 무엇인지 접한 도로가 2차선인지, 4차선인지에 따라서 토지와 공장은 시세 변화가 크다. 그렇기에 최대한 유사한 조건의 물건을

• 토지 맵핑 예시 1

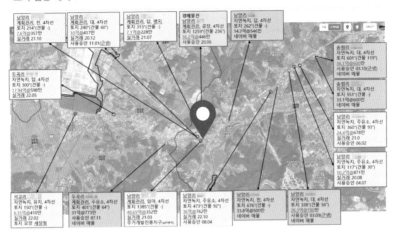

얼마나 뽑아 낼 수 있느냐가 관건이다. 맵핑은 실제 지도 위에 위치와 정보를 한눈에 볼 수 있게 하려는 목적인 만큼 그 지도를 가지고 현장에서 하나씩 임장하며 활용해야 한다.

토지와 공장의 경우, 땅 모양도 매우 중요하다. 다음 장의 예시 2에는 땅 모양도 같이 기입했다. 토지 맵핑 예시 1은 사진 한 장에 최대한 많은 물건을 담을 수 있다는 장점이 있고, 맵핑 예시 2는 토지 모양까지 볼 수 있다는 장점이 있다. 기호에 맞게 적용하면 된다.

일반적으로 토지 임장을 위해 공인중개사무소를 방문하면 한 곳에서 많아야 세네 개 정도의 물건을 보여 준다. 시간은 두 시간 정도 소요되므로, 하루 세 곳의 부동산을 방문한다면 총 9~12개의 물건을 볼 수 있다는 뜻이다. 문제는 서로 비슷한 조건을 가진 물건이 아니라

• 토지 맵핑 예시 2

여
계획관리, 공장, 4M
토지 938"(건물 272")
46.73억@498만
실거래 17.03
사용승인 02.11

여
계획관리, 대지, 명지
토지 183"(건물 -")
6.8억@372만
실거래 19.04

지
계획관리, 2종, 부체도로
토지 892"(건물 292")
67억@751만
실거래 22.06
사용승인 16.04

지
계획관리, 임야, 4M
토지 175"(건물 -")
8.0억@457만
실거래 22.02

방
계획관리, 전, 2차선
토지 146"(건물 -")
6.0억@411만
네이버 매물
묘지이장,구거점용 허가조건

방
계획관리, 전, 3M
토지 363"(건물 -")
7.0억@193만
실거래 21.03

지7
계획관리, 답, 6M
토지 386"(건물 -")
25.09억@650만
네이버 매물

는 것이다. 공인중개사무소에서는 친절하게 내가 요청하는 것과 딱 맞는 물건과 정보를 제공해 주지 않는다. 특히 토지의 경우 더욱 그러므로 시세 분석을 제대로 하기 어렵다.

토지 맵핑 지도를 활용하면 짧은 시간에 효과적으로 토지 임장을 할 수 있고 해당 물건의 가치를 스스로 객관적으로 판단할 수 있다. 상가 시세 분석과 같은 맥락이다. 타겟팅된 물건과 유사한 조건의 인근 지역 물건의 시세 데이터를 최대한 모으고 지도 위에 맵핑하면 직관적이고 동시에 효율적으로 시세 분석을 진행할 수 있고, 데이터를 기반으로 그 누구의 의견에도 흔들리지 않는 본인만의 가치 판단이 가능하다.

맵핑 방법으로 시세를 분석하려면 시간과 손품이 들지만, '이 물건의 적정 가치는 얼마다!'라고 자신 있게 말할 수 있게 된다. 확신은 곧 투자까지 이어지는 원동력이 되고, 수익으로 연결된다.

　데이터를 하나씩 추출해서 지도 위에 맵핑까지 하려면 막막할 수도 있다. 숙련된 나조차도 토지 맵핑 지도 하나 만드는 데 한두 시간씩 걸린다. 하지만 이런 데이터 없이는 하루를 투자해 현장 임장을 간들 제대로 된 시세를 세네 개 정도 밖에 건지지 못한다. 최소 15개 이상 맵핑해 두면 데이터의 양에서 차이가 나고 이는 곧 확신으로 연결된다. 현장 임장을 네다섯 번 간다면 맵핑 한 번 한 것만큼 데이터를 모을 수는 있겠지만 직장인이 한 물건을 위해 네다섯 번씩 현장 임장을 갈 수는 없다. 비효율적이다. 직장인이라면 특히 나의 맵핑 지도 방법을 사용하길 적극 추천한다.

# 수익률 분석 : 예상 투입금을 계산하면
# 수익률을 알 수 있다

수익률 분석은 입찰가 산정의 마지막 단계이다. 지금까지 물건 분석, 입지 분석, 권리 분석, 시세 분석 총 4단계를 진행했고 마침표를 찍는 과정이다. 이때 주의할 점은 부동산 경매 물건을 처리하며 투입되는 부수적인 비용도 반드시 고려해야 한다는 점이다. 이 부분을 소홀히 하면 생각지 못한 비용이 발생하며, 자금 계획이 틀어진다.

수익률 분석을 위해 투입 비용 항목을 살펴보자. 경매와 일반 매매의 공통 사항은 크게 매입비, 취등록세, 대출 금액과 금리이다. 경매에서 매입비는 곧 입찰가이며 취등록세는 해당 부동산을 매입함으로

• 경매와 일반 매매의 투입 비용 항목 비교

|  | 공통 사항 | 개별 사항 |
|---|---|---|
| 경매 | - 매입비<br>- 취등록세<br>- 대출 금액과 금리 | - 명도비<br>- 철거비<br>- 리모델링비<br>- 기타 예비비 |
| 일반 매매 |  | 중개 수수료 |

써 국가나 지자체에 납부해야 하는 세금이다. 대출 금액과 금리는 은행에 해당 부동산을 담보로 발생하는 돈이다.

이때 일반 매매에는 없는 경매만의 특수한 부분에 대해 더 신경 써야 한다. 명도비, 철거비, 리모델링비, 기타 예비비까지 고려해야 하는 것이다. 대신 부동산 중개 수수료는 낼 필요는 없다.

내가 실제로 낙찰받은 물건을 예시로, 입찰 전 수익률 분석 때 산출한 비용과 낙찰 후 실제 투입된 비용을 비교해 보겠다.

● 경매 수익률 분석 예시

**2018타경1**███  ● 인천지방법원 본원 ● 매각기일 : 2019.11.12(火) (10:00) ● 경매 25계(전화:032-860-1625)

| 소 재 지 | 인천광역시 서구 면회동 | | | | | | | |
|---|---|---|---|---|---|---|---|---|
| 새 주 소 | 인천광역시 서구 서곶로 | | | | 도로명검색 | 지도 | 지도 | 주소 복사 |

| 물건종별 | 근린상가 | 감 정 가 | 837,000,000원 | 오늘조회: 1 2주누적: 0 2주평균: 0 조회동향 | | | |
|---|---|---|---|---|---|---|---|
| | | | | 구분 | 매각기일 | 최저매각가격 | 결과 |
| 대 지 권 | 미등기감정가격포함 | 최 저 가 | (70%) 585,900,000원 | 1차 | 2019-10-07 | 837,000,000원 | 유찰 |
| | | | | 2차 | 2019-11-12 | 585,900,000원 | |
| 건물면적 | 280.113㎡(84.73평) | 보 증 금 | (10%) 58,590,000원 | 매각 : 635,000,000원 (75.87%) | | | |
| 매각물건 | 토지·건물 일괄매각 | 소 유 자 | ████ | (입찰2명,매수인:인천 (주)피엠에스 / 차순위금액 591,110,000원) | | | |
| 개시결정 | 2018-04-17 | 채 무 자 | ████ | 매각결정기일 : 2019.11.19 - 매각허가결정 | | | |
| | | | | 대금지급기한 : 2019.12.20 | | | |
| 사 건 명 | 강제경매 | 채 권 자 | ████ | 대금납부 2019.12.19 / 배당기일 2020.01.21 | | | |
| | | | | 배당종결 2020.01.21 | | | |

해당 물건은 6억 3,500만 원에 낙찰받았으며, 1층 상가 4개 호수이며 전용 면적이 약 280㎡(84.74평)이다. 1층 상가 위층으로는 아파트가

연결된 90년대식 주상복합형태이다.

• 낙찰받은 물건의 인테리어

• 예상 지출 금액과 실 지출 금액 비교

| | 항목 | 입찰 전 예상 금액(원) | 낙찰 후 실투입금(원) | 차이(원) |
|---|---|---|---|---|
| 1 | 매입가(입찰가) | 635,000,000 | 635,000,000 | |
| 2 | 취등록세 및 법무비(5%) | 31,750,000 | 33,357,805 | 1,607,805 |
| 3 | 대출금(80%) | 508,000,000 | 508,000,000 | |
| 4 | 대출 금리(4%) | 20,320,000 | 18,796,000 | -1,524,000 |
| 5 | 명도비 | 4,000,000 | 2,000,000 | -2,000,000 |
| 6 | 철거비 | 10,000,000 | 5,000,000 | -5,000,000 |
| 7 | 리모델링비(외부, 화장실) | 25,000,000 | 30,000,000 | -5,000,000 |
| 8 | 예비비 | 5,000,000 | 0 | -5,000,000 |
| 9 | 실투입비 (1+2-3+5+6+7+8) | 202,750,000 | 197,357,805 | -5,392,195 |

1. 매입가는 입찰 전후가 동일하다.

2. 취등록세 및 법무비에서 취등록세는 상가이므로 4.6%, 법무비는 0.4%로 계산했다. 낙찰 후 법무 비용이 예상보다 160만 원 초

과했다. 이 부분은 어떤 법무사를 만나느냐에 따라 달라지는 내용이다.

3. 대출금은 예상대로 낙찰금의 80%를 받을 수 있었다.

4. 대출 금리는 낙찰 전 4%로 예상했고, 낙찰 후 실제로는 3.7%였다. 여러 은행을 컨택해서 최적의 조건을 협의한 결과다(자세한 내용은 '경락잔금대출' 장을 참고).

5. 명도비는 상가가 네 개이므로 각 100만 원씩 400만 원을 책정했다. 낙찰 후 명도 협상 중 한 곳은 재계약을 했고 나머지는 명도가 원활히 진행되어 총 200만 원으로 마무리할 수 있었다.

6. 철거비는 평당 10만 원으로 계산하고 어느 정도의 여유 금액을 고려했다. 약 280㎡(84.74평)이므로, 1,000만 원을 예상했다. 실제로는 재계약된 상가도 있고, 일부 임차인은 짐을 다 빼 줘서 철거비를 500만 원으로 아낄 수 있었다.

7. 리모델링비는 외부 익스테리어(Exterior) 비용과 내부 화장실 공사 비용이다. 내부는 추후 임차인이 인테리어를 할 것이므로 철거만 진행했고, 외부는 붉은색 벽돌 타일을 붙여 깔끔하게 단장했다. 이 비용은 입찰 전에는 정확하게 견적을 내기가 쉽지 않다. 실제로 예상보다 추가 500만 원이 더 투입됐지만 예산 항목을 잡아 놓은 만큼, 총 예산 내에서 마무리하기 위해 노력했다.

8. 예비비는 일반적으로 상가의 공용관리비 미납금과 기타 예기치 못한 변수가 발생할 것을 대비하는 금액이다. 이 물건의 경우 500만 원을 예산으로 잡았으나 실제로는 비용이 발생하지 않았다.

9. 실투입비는 1번과 2번, 5~8번을 더하고 3번 대출금을 뺀 돈이다. 약 2억 275만 원이 필요할 것으로 예상했지만, 낙찰 후 실투입비는 약 1억 9,700만 원이었다. 약 500만 원을 절감한 경우이다.

이 여덟 개 항목이 경매 진행 시 꼭 고려해야 하는 비용이다. 수익률 분석을 위해서는 예시처럼 표를 작성해 항목별로 금액을 책정하는 과정이 꼭 필요하다. 약간 보수적인 관점에서, 비용을 넉넉히 산정하길 추천한다. 자금 계획을 여유 없이 빡빡하게 세우면 일이 꼬인다. 만약 총합보다 가진 돈이 부족하다면, 입찰 금액을 조금 낮추면 된다. 만일 낙찰을 못 받는다면, 그건 내 물건이 아닌 것이다. 다음 물건을 기다리면 된다.

아파트, 다가구, 상가주택도 비슷하게 수익률 분석표를 만들고 실투입금을 준비하면 된다. 어렵다면 명도비, 철거비, 리모델링비, 예비비로 크게 네 가지를 고려해 각각의 부동산 물건 성격에 맞춰 비용을 여유 있게 책정하는 것부터 시작하자. 한결 쉽게 경매 과정을 진행할 수 있다.

1 YEAR 1 REAL ESTATE AUCTION

## 5장

# 임장 : 가족과
# 나들이 가듯 나간다

# 공인중개사무소 방문 노하우 : 쫄지 마라,
# 나는 잠재 고객이다

경매 입찰가를 산정하기 위해서는 반드시 현장 임장을 해야 한다. 직접 눈으로 확인해야 알 수 있는 것들이 있기 때문이다. 그런데 많은 분이 임장을 가서 그 지역 공인중개사무소에 방문하는 걸 어려워한다. 특히 부동산 공부를 처음 시작하는 분이라면 그동안 공인중개사무소를 갈 일이 거의 없었을 테니, 들어가는 것 자체가 두렵고 꺼려지는 마음도 이해 간다. 나도 처음에는 그랬다. 무슨 말을 어떻게 해야할지 모르겠고 내가 불청객 같다는 쓸데없는 걱정도 있었다.

막상 공인중개사무소에 들어가 보면 별 거 없다. 따지고 보면 내가 손님이고, 계약이 이루어졌을 때 돈을 내는 고객이다. 내가 서비스를 받아야 하는 입장이고 공인중개사는 나에게 서비스를 제공해 주는 쪽이다. 이 생각을 하고 나니, 그때부터는 공인중개사무소에 들어가는 것이 한결 쉬워졌다.

문제는 경매, 공매 물건에 대한 시세 조사를 해야 할 때였다. 그 물건을 낙찰받는다는 보장이 없기 때문에 공인중개사 입장에서는 귀찮은 손님이 맞다. 괜히 이것저것 물어만 보고 떠나는 손님일 수 있다.

나 이외에도 경매 물건에 대해 묻는 사람이 얼마나 많았을까? 경험상 A급 경매 물건의 경우, 물건지 인근의 공인중개사무소에 하루에도 최소 다섯 팀 이상이 문의하러 온다. 자연스레 공인중개사는 예민하고 날카로워진다. 어떤 공인중개사는 눈도 안 마주치고 귀찮은 파리 취급하듯 나가라는 손짓을 할 때도 있다.

처음에는 속상하고 화도 났다. 경매를 괜히 했나 싶기도 했다. '왜 이런 대접을 받아야 하지?' 하는 자괴감도 들었다. 동시에 입장 바꿔 생각하면 공인중개사가 어느 정도 이해되긴 했다. 그럼 어떻게 해야 할까? 경매 물건 때문에 많이 시달린 공인중개사로부터 정보를 얻기 위해서는 내가 먼저 그 물건지 주변에 대한 손품을 팔아야 한다.

예를 들어, 경매 물건이 1층 약 66㎡(20평) 상가라고 하면, 그 물건과 동일 블록에 있는 비슷한 조건의 상가들을 먼저 시세 조사하는 것이다. 방법은 간단하다. '네이버 부동산'에서 그 지역의 1층 상가 임대, 매매 물건을 찾고 맵핑 지도를 만든다.

경매 물건과 100% 동일한 조건의 물건을 찾기는 거의 불가능하지만 비슷한 조건의 물건은 최소한 다섯 개 이상 추릴 수 있다. 그 물건들의 대략적인 위치를 지도 위에 표시해 두고 현장으로 출동한다. 그리고 공인중개사무소를 방문하기 전, 손품을 이용해 미리 파악한 물건들을 현장에서 직접 확인한다.

그렇게 몇 군데 물건을 임장하면, 해당 경매 물건의 임대 시세가 얼마일지 대략적인 감을 잡을 수 있다. 예를 들면, '매매가가 ○○만 원이었던 이 물건보다 시설 등 조건이 좋으니 비싸겠다, 조금 더 안쪽이므로 비용이 낮겠다'라는 식이다. 이 과정을 거친 후 공인중개사무소에 가서 경매 물건의 시세를 확인하면 된다.

공인중개사는 다 안다. 이 사람이 내 가게에서 물건을 거래할 생각이 있는 진짜 손님인지, 혹은 경매 때문에 시세만 물어 보러 온 것인지 감이 온다. 어설프게 거짓말하려고 하지 마라. 대종상 주연상을 받을 만큼의 연기력이 없다면 그냥 경매 때문에 왔다고 말하고 공인중개사와 솔직하게 소통하는 편이 낫다. 상대 또한 솔직하게 응대할 것이다.

경매 물건을 낙찰받는다면, 다시 그 지역 공인중개사무소에서 물건을 임대·매매 의뢰하게 된다. 따라서 나 또한 그 공인중개사무소의 잠재 고객임을 기억하고, 당당하게 의사소통하면 된다. 물론 나를 홀대하는 공인중개사를 만날 수 있다. 그럴 때는 그냥 쿨하게 나와라. 그리고 '내가 낙찰받으면 당신한테는 매물 안 내놓을 거야!'생각하며 툴툴 털고 다른 공인중개사무소를 찾아가면 그만이다. 세상에는 친절한 공인중개사무소가 많다.

정리하면, 공인중개사무소에는 경매 물건의 가격을 알기 위해 가는 것이 아니다. 미리 손품을 팔아 시세를 파악하고 현장 임장까지 마친 상태에서 내가 생각하는 해당 물건의 가치를 그 지역 전문가인 공인중개사에게 확인한다는 마음으로 다가가라.

**TIP♥**

**시세 확인을 위한 공인중개사와의 대화 대본**

공인중개사와 대화할 때는 어설프게 떠보듯 정보를 수집하는 것보다, 솔직하게 경매 물건 때문에 왔다고 얘기하는 편이 낫다. 또한 구체적인 숫자를 제시하는 편이 정확한 정보를 얻기 쉽다. 그 편이 공인중개사 입장에서는 대답하기도 훨씬 편하고, 구체적으로 생각해 볼 수 있기 때문이다.

나　　　　○○ 물건을 보고 왔는데,

　　　　　제가 낙찰받으면 임대 ○○만 원에 맞춰 주실 수 있으세요?

공인중개사　네, 그 금액으로 맞출 수 있어요.

　　　　　or 음, 그 금액은 힘들고, 조금 낮은 ○○만 원에는 가능할 거 같네요.

반면, 다음과 같이 물을 경우에는 원하는 대답을 얻기 힘들다. 공인중개사 입장에서도 난감할 것이다. 이 사람이 낙찰받는다는 보장도 없고, 어디서부터 어떻게 설명해야 할지 고민된다. 괜히 시간 낭비할 필요가 없기에 상대적으로 더 쌀쌀맞게 굴 확률이 크다.

나　　　　경매 물건 때문에 왔는데, 음…. 그거 얼마예요?

공인중개사　글쎄요, 잘 모르겠는데요.

　　　　　or 아, 몰라요~

# 임장 시 꼭 체크해야 하는 요소

임장 시 가장 중요한 과제는 부동산의 현재 상태를 확인하는 것이다. 경매 물건의 현황 사진, 로드 뷰 속에서 확인할 수 없었던 부분들을 현장에서 체크해야 한다. 연예인의 화면상 모습과 실물이 다르듯, 경매 물건은 현장에서 직접 보면 다르게 느껴질 때가 종종 있다.

그렇다면 경매 물건을 보러 현장에 가면 무엇을 중점적으로 봐야 할까? 언제 임장을 가는 것이 좋을까? 주거형 부동산과 상업형 부동산은 조금 차이가 있으므로 나누어서 설명하겠다.

## 1. 주거형 부동산
아파트는 임장이 가장 쉬운 편이다. 해당 아파트 단지의 관리 상태를 중점적으로 본다. 깨끗하게 관리되고 있는지, 주차하기에 편한지, 인도가 충분히 확보되어 아이들이 안전하게 다닐 수 있는지 등 입주민 입장에서 내가 직접 그곳에 살 거라는 가정을 하고 살펴본다. 아파트는 다가구, 상가주택에서 종종 발생하는 불법 쪼개기가 없기에 오롯이 실수요자 입장에서 임장하면 된다.

다가구, 상가주택은 아파트보다는 신경 쓸 부분이 좀 더 많다. 중대형 건설사에서 시공하는 아파트와는 달리 다가구와 상가주택은 영세 건축업자가 시공하는 경우가 많기에 부실한 건물이 종종 있다. 건물 외벽과 내벽을 꼼꼼히 살피며 금이 간 곳은 없는지 육안으로 확인해야 한다. 내장재를 충분히 사용하지 않아 결로와 곰팡이가 발생한 건물도 꽤 많다. 이런 하자는 그 지역 공인중개사무소에서 알려 주는 경우가 있으므로, 음료수 한 상자를 사서 건네며 물어 보자. 빈손으로 갔을 때보다 훨씬 정확하고 상세한 정보를 얻을 수 있다.

다가구와 상가주택의 경우, 보통 연식 10년이 넘어가면 말썽이 하나씩 발생한다. 앞에서 말한 누수, 결로, 곰팡이 등이 대표적이다. 이 경우 앞으로 월세 받고 뒤로 수리 비용이 깨지는 구조가 되므로 임대인 입장에서는 여간 골치 아픈 것이 아니다.

일반적으로는 건물 연식 5년이 넘지 않은 물건을 추천하지만 물건이라는 게 항상 내 마음에 드는 완벽한 것만 있을 수는 없다. 건물 연식 10년이 넘어간 물건이라도 동일 입지, 동일 조건의 신축 대비 충분히 싸다면 사도 된다. 여기서 말하는 '충분히'는 최소 20% 이상이다.

건물이 오래됐을 경우, 문제를 일으키는 대부분의 요인은 물이다. 세월이 지남에 따라 지붕, 옥상의 방수 페인트가 벗겨져 빗물이 건물로 침투하게 된다. 이 부분을 잘 막으면, 즉 옥상 방수 공사를 다시 하면 물이 새는 문제를 간단히 해결할 수 있다. 이를 '건물에 우산 씌운다'라고도 표현한다. 면적에 따라 다르지만, 옥상 면적이 전용 약 165㎡(50평)이라면 500만 원 이내로 공사 가능하다.

내부 계단 공사와 벽의 페인트 칠을 다시 하고, 외벽도 깨끗하게 단장하면 된다. 이때 들어갈 공사비는 미리 산정해서 매입가에 반영한다.

불법으로 건축물을 개조했는지도 확인한다. 건축물대장상에는 3가구인데 실제로는 5가구 또는 6가구로 불법 용도 변경한 경우이다. 현장에서는 일명 '쪼개기'라는 용어를 사용한다. 지자체에 발각되면 원상 복구될 때까지 매년 이행강제금이 계속 부과되는 엄연한 불법 행위이다. 쪼개기를 통해 가구 수가 늘어날수록 수익 구조는 좋아지

• 옥상 방수 공사

기에 불법을 자행하는 것이다. 늘어난 가구 수만큼 문제되는 것이 주차 대수이다. 제한된 토지에 주차 대수를 늘리기는 사실상 불가능하므로 지자체에 발각되었다면 원상 복구 외에는 답이 없다.

• 불법 쪼개기

건축대장상 5가구

가구 수 증가로 위반건축물 표시

실제 불법 쪼개기를 했고 적발된 물건의 건축물대장이다. 1면 상부에 노란색으로 '위반건축물'이라고 명기되어 있다. 건축물대장에는 5가구, 주차 5대로 사용승인을 받았지만 현황은 8가구로 쪼갰고 그 사실이 시에 적발되어 이행강제금이 매년 부과되는 물건이다.

건축물대장에 '위반건축물'이라고 명기된 물건을 제대로 확인하지 않고 사는 것도 문제지만 더 큰 문제는 아직 적발만 안 되었을 뿐 불법 쪼개기가 진행된 물건이다. 매수 전 건축물대장을 확인하고, 임장을 통해 실제 승인된 가구 수와 현장의 가구 수를 비교해야 한다. 정말 중요하지만 많은 사람이 놓치는 사항이다.

불법 쪼개기를 찾는 방법은 간단하다. 1층 외부 벽면에 부착된 전기 계량기나 도시가스 계량기 개수로 이 건물에 몇 가구가 있는지 바로 확인할 수 있다.

예를 들어, 건축물대장에는 5가구인데 실제 현장에서 확인해 보면 8가구인 경우이다. 불법 쪼개기를 했지만, 적발되지 않아 건축물

• 계량기 확인

대장상에는 그 어떤 '위반' 사항도 없는 경우이다. 현 상태 그대로 매입하면 큰 문제가 된다. 불법으로 쪼개진 8가구를 기준으로 매매 가격을 계산하므로 높은 수익률을 올릴 것이라 예상하게 된다. 추후 적발 시 이행 강제금을 내거나 강제로 원상 복구를 해야 한다. 이 물건을 구입하고 싶다면, 원상 복구를 했을 때 투입되는 건축 비용과 줄어든 가구 수를 기준으로 수익률을 계산해서 그 부동산의 매입가를 산정해야 한다. 초보에게는 쉽지 않은 과정이라 추천하지는 않는다.

**다가구 임장 시 공인중개사와의 대화 대본**

다가구는 각 물건별로 개별성이 강하므로, 공인중개사무소에 갔을 때 경매 물건임을 명확하게 밝힐 필요가 있다. '네이버 부동산'에서 그 지역 다가구 물건을 가장 많이 홍보하는 공인중개사무소 두세 군데를 미리 파악해서 방문하길 추천한다. 공인중개사에게 얻어야 할 정보가 많기에 빈손보다는 편의점에서 최소한 괜찮은 병 음료수 하나 정도는 준비하길 바란다.

나          사장님, 안녕하세요? ○○동 ○○번지

            다가구 경매 물건 때문에 왔는데요~

            (이때 웃으면서 준비한 음료수를 건넨다.)

공인중개사   네, 말씀하세요~

나          제가 이 물건에 입찰하려고 하는데요, 총 ○○가구 맞죠?

            원룸은 ○개, 투룸은 ○개이고,

            보증금과 임대료는 약 ○억 ○○○만 원 정도 되나요?

            (미리 조사한 데이터를 말한다. 미리 조사해 지식이 있음을 보여 준다.)

공인중개사   이 동네 잘 아시나 보네요.

            그 다가구는 연식이 좀 돼서 인테리어를 좀 해야 할 거예요.

            그럼 원룸은 1,000/45만 원, 투룸은 2,000/70만 원 정도 받을 수 있을 거예요.

            (매우 중요한 정보이다. 인테리어 했을 시 원룸, 투룸의 임대 시세이다)

| 나 | 아~ 그렇군요. 인테리어를 다시 해야 하는군요. |
|---|---|
| | (입찰 시 인테리어 비용을 산정해야 함을 기억한다.) |
| | 전세로 환산하면 원룸은 ○○○만 원, 투룸은 ○억 원 정도 되겠네요? |
| 공인중개사 | 그렇긴 한데…. 여긴 전세는 잘 안 빠져요. 월세를 선호하거든요. |
| 나 | 아~ 그럼 월세 위주로 수익률을 계산해야겠네요. |
| | 혹시 그 건물에 누수나 결로, 곰팡이 문제는 없나요? |
| 공인중개사 | 거기 301호에서 겨울만 되면 결로랑 곰팡이가 발생했어요. |
| | 공사도 했는데 잘 안 잡히더라구요. |
| | (301호에 결로 및 곰팡이가 발생한다는 점을 인지하고 결로 공사 비용만큼 |
| | 입찰가를 낮춰야겠다고 판단한다.) |
| 나 | 지어진 지 ○년쯤 됐으니까 옥상 방수 공사도 필요하겠네요? |
| 공인중개사 | 네, 거긴 한 번도 옥상 방수 공사를 안 했어요. |
| | 방수 페인트 벗겨진 데가 군데군데 있을 거예요. |
| | (옥상 방수 공사 비용만큼 입찰가를 낮춰야겠다고 판단한다.) |
| 나 | 임차인 분들은 주로 어떤 분들이세요? |
| 공인중개사 | 근처 ○○전자에 다니시거나 협력업체 분들이 많아요. |
| | 연체도 별로 없고 괜찮아요. |
| 나 | 혹시 이 물건이 불법 쪼개기가 되어 있지는 않나요? |
| | (현장 임장 시 미리 전기 및 도시가스 계량기를 확인하고 묻는다.) |
| 공인중개사 | 아~ 여긴 그런 거 없어요. (정보를 재확인한다.) |
| 나 | 귀중한 시간과 소중한 정보 나눠 주셔서 정말 감사드립니다. |
| | 제가 꼭 낙찰받아 오겠습니다. 그때 임대·매매 잘 맞춰 주세요~ |
| 공인중개사 | 네~ 꼭 낙찰받아 오세요~ |

## 2. 상업용 부동산

상업용 부동산의 경우, 해당 상가 앞으로 얼마나 많은 사람이 실제로
지나다니는지 확인해야 한다. 유동인구를 파악하는 것이다. 상가는

크게 직장인이 주로 이용하는 유흥 상권과 주부, 학생들이 이용하는 근린 상권이 있다. 해당 상권을 이용하는 사람의 특성에 맞게 임장 시간대를 조절해야 한다. 동일 지역에 근린 상권과 유흥 상권이 함께 있는 특이한 곳이 있다. 분당의 정자역 상권으로 북쪽은 근린 상권, 남쪽은 유흥 상권이다.

　정자역의 북쪽은 고급 아파트가 주로 분포되어 있다. 자연스레 정자동 학원가와 카페 골목이 형성되어 있다. 반면, 정자역 남쪽은 'SK하이닉스', '두산', '네이버' 등 대기업의 사옥이 밀집되어 있다. 직장인이 주로 이용하는 술집 등 유흥시설이 생길 수밖에 없다. 같은 정자역

• 정자역 주변 상권

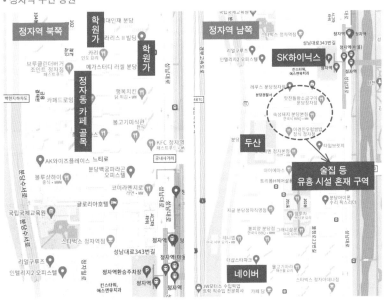

상권이지만 북쪽과 남쪽이 확연히 다른 성격을 지닌다.

정자역 북쪽처럼 상권의 주요 이용층이 주부와 학생일 경우, 임장을 오후 3~6시 사이에 가는 것을 추천한다. 사람들이 가장 활발히 이동하고 상가를 많이 이용하는 시간대이기 때문이다.

반면, 정자역 남쪽처럼 유흥 상권으로 발전된 지역은 직장인 퇴근 시간대에 임장을 가야 한다. 오후 6시 이후가 가장 적합하다. 오후 3시에 간다면, 대부분의 직장인이 사무실에서 업무를 보고 있기에 상권이 약하다고 오해할 수 있다.


또한 상가의 내부 구조를 반드시 확인해야 한다. 임차인의 입장에서 상가를 보는 것이다. 만일 상가 중앙에 큰 기둥이 있어 공간 활용이 어렵거나 화장실을 많이 이용하기에 불편하다면 매력도가 떨어질 수밖에 없다.

예를 들어, 기둥 등 장애물로 공간 활용에 문제가 있을 경우 같은 입지 대비 임대료가 30% 이상 낮아진다. 화장실은 상가 내부에 개별로 있는 경우가 가장 좋고, 아닐 경우 공용으로 깨끗하게 잘 관리되고 있는지 확인해야 한다.

상가의 공용 관리비는 전용 면적 기준으로 평당 5,000원에서 1만 원 사이이다. 이보다 높을 경

• 기둥이 건물 가운데 있는 경우

우 임차인의 부담이 커지므로 임대료를 조금 낮춰야 임대가 수월해진다. 임차인 입장에서 비슷한 입지, 비슷한 임대료라면 한 푼이라도 관리비가 낮은 상가를 선택할 수밖에 없기 때문이다.

## 3. 토지

토지의 모양은 정사각형 또는 도로와 접한 면이 긴 직사각형 형태가 가장 좋다. 왜냐하면 추후 개발을 진행할 시 버리는 땅 없이 가장 효율적으로 건물을 올릴 수 있기 때문이다. 임장 시 토지의 실제 모습을 보면 지도로 봤을 때와는 느낌이 다르므로 현장에서 토지의 모양을 다시 한번 확인할 필요가 있다.

토지 물건에 접한 도로의 조건도 매우 다양하다. 도로폭을 확인해야 하며, 그 도로의 소유자가 국가인지 개인인지도 확인해야 한다. 사진에서 물건지는 노란색 필지이며, 주변의 흰색 부분이 국가가 소유한 도로이다. 이 물건의 특이점은 파란 점선 부분이 국유지인데, 도로

• 토지 물건 주변의 국유지

가 아닌 공터라서 주차장으로 활용할 수 있다는 사실이다. 이런 부분을 현장에서 직접 눈으로 확인하면, 물건의 활용도를 높일 방법을 찾을 수 있다.

아래 사진의 물건은 빨간색이 해당 필지이며, 주변 노란색의 도로에 접해 있다. 문제는 노란색 도로의 소유자가 법인과 개인이다. 국가가 아닌 것이다. 이 경우를 사도라고 부르는데 해당 물건지를 이후 개발하기 위해서는 사도의 소유주에게 도로사용승낙서와 굴착동의서를 받아야 한다. 사실상 불가능한 경우이다. 맹지 아닌 맹지이므로 피해야 하는 물건이다.

● 토지 물건 주변의 사도

토지의 단차 또한 현장에서 반드시 확인해야 하는 사항이다. 이 물건의 경우 128-4번지, 128-11번지 필지 두 개가 함께 거래됐다. 로드

• 토지 물건의 단차

뷰로 봤을 때는 두 개의 필지 모두 도로에 접해 있는 형태였지만 실제 현장을 가 보니, 128-11번지가 6~7m 정도 푹 꺼져 있는 상태였다. 흙을 메꿔 넣어 성토하지 않는 이상 해당 필지는 쓸모가 없는 토지가 된다. 활용도를 찾기 쉽지 않은 경우이다. 성토 토목 비용을 토목설계 사무소를 통해 가견적을 받은 이후, 그 비용을 고려했을 때도 사업성이 나오는지 살펴봐야 한다.

• 토지 물건 주변의 환경

물건지 주변으로 송전탑이 있는지도 살펴야 한다. 해당 물건의 경우 타운 하우스로 개발하기에 적합한 입지이지만 주변에 송전탑이 있어서 개발 사업성이 떨어진다. 임장 전, 손품으로 지도나 로드 뷰를 확인했더라도 놓치기 쉬운 사례이다. 이와 유사한 것이 축사이다. 축사는 지도로 봤을 때 공장과 크게 차이가 나지 않아서 발견하기 어렵다. 현장에 나가 축사가 주변에 있는지, 냄새는 나지 않는지 확인해야 한다.

**TIP**

**임장 체크리스트**

주거형(아파트, 다가구, 상가주택)
☑ 누수, 결로, 곰팡이 유무 및 옥상 방수 여부
☐ 불법 쪼개기 여부(다가구, 상가주택의 경우)
☐ 주차 공간 확보 여부
☐ 주변 유해시설(유흥업소, 공장 등) 존재 여부
☐ 주변 인프라 및 편의시설(학교, 어린이집, 대중교통 등) 존재 여부
☐ 미납 관리비 유무(아파트의 경우)
☐ 조망이 좋은지(주로 아파트의 경우)
☐ 인테리어 여부

상가
☐ 상가 모양(특히 길과 접한 전면이 4m 이상일 것, 길수록 좋음)
☐ 내부 인테리어 정보(임차인의 재계약과 관련, 인테리어 비용이 높고 최신일수록 재계약 확률이 높아짐)
☐ 현재 임차인 영업 상황(임차인의 재계약 관련)
☐ 내부 내력벽 또는 기둥 여부
☐ 화장실 관리 상태(공용 or 개별)
☐ 층고(높을수록 좋음, 4m 이상 추천)
☐ 평당 관리비
☐ 실제 이용객의 유동 상황 및 연령·성별·직업

□ 지도상 확인한 주동선이 맞는지 혹은 샛길이 없는지 체크
□ 주변 상권·업종 및 공실률
□ 바닥권리금 유무
□ 간판 자리 유무

**토지**
□ 토지의 모양
□ 물건지와 접한 도로 조건(도로폭, 국유지 vs 사도)
□ 토지의 단차(토목 공사비 투입 여부)
□ 주변 유해시설(송전탑, 축사, 묘지 등)

# 확신이 없다면 입찰가는 내려라.
# 좋은 물건은 계속 나온다

지금까지 물건 분석, 입지 분석, 권리 분석, 시세 분석, 수익률 분석이라는 총 5단계에 걸쳐 경매 물건을 분석했다. 현장 임장을 나가 실제 경매 물건을 육안으로 확인하고 그 지역 분위기도 느꼈으며 공인중개사무소에서 한 번 더 시세 확인을 진행했다. 현장 임장까지 포함하면 전체 6단계에 걸쳐 경매 물건을 샅샅이 조사한 셈이다. 마지막으로 최종 입찰가를 정하면 된다.

수익률 분석에서 입찰가를 어느 정도 정해 놓고 각종 부대비용(취득록세, 대출금, 명도비, 예비비 등)을 고려해서 실제 투입비를 예상했다. 하지만 현장에 나가면, 예상 입찰가에 변동이 생길 때도 있다. 입찰가를 높일 수도, 아니면 보수적으로 낮출 수도 있다. 현장에서 본인이 경매 물건을 어떻게 판단했느냐에 따라 달라지는 것이다.

직장인으로서 경매 물건을 조사하고 임장까지 다녀오는 게 녹록지는 않다. 처음 시작하는 입장에서는 아무리 꼼꼼하게 본다고 해도 놓치는 부분이 발생할 수 있다. 본인이 생각한 입찰가에 확신이 들지 않고 갈팡질팡하는 상황이라면, 아직 초보니까 여러 시행착오를 겪는 중이라고 생각하면 된다. 단, 본인의 조사 자체를 스스로 신뢰하기 힘든 상황이라면 빨리 낙찰받고 수익을 얻고 싶은 마음에 조급해서 공격적인 입찰가를 쓰는 대신 조금은 보수적으로 입찰가를 정하는 걸 추천한다. 왜냐하면 신뢰와 확신은 많은 물건을 분석하고 경험하면서 조금씩 쌓이는 것이기 때문이다. 결코 하루아침에 생기지는 않는다.

나의 경우에도 초보 시절에 비슷한 경험을 했다. 나름 손품으로 충분히 조사를 했다고 생각했다. 청주시청 맞은편에 있는 5층짜리 건물이었다. 상업지역 토지가 약 330㎡(100평), 건물이 약 1,488㎡(450평)인데 감정가가 10억 원이었다. 저렴하다는 생각에 관심을 갖고 쉬는 시간이 생길 때마다 물건 분석, 입지 분석, 권리 분석, 시세 분석, 수익률 분석까지 마치고 토요일에 청주까지 내려가 현장 조사를 진행했다.

청주시에 간 건 처음이었다. 주로 서울·수도권 위주로 물건을 조사하고 임장을 다녔었기에 지방 도시는 생소했다. 일단 물건지 주변 분위기가 생각했던 것과 달랐다. 길거리에 사람이 없었고 심지어 차량 통행도 많지 않았다. 시청 주변이라 사람의 이동이 평일 위주일 거라고 예상은 했지만 그렇다고 토요일인데 이 정도로 사람이 없다면 근린생활시설(식당, 병·의원, 학원 등)로 임차를 맞추기가 쉽지 않겠다는 느낌을 받았다. 공인중개사무소에 방문해서 임대 시세를 확인했다. 시세는 '네이버 부동산'에 나온 것과 비슷했지만, 문제는 임대가 언제 맞춰질지 모른다는 것이었다. 공인중개사는 호가로 물건이 나와 있긴 한데 언제 임차가 가능할지 자신이 없다고 했다. 이게 손품과 발품의 차이인가 싶기도 했다. 결국 이 물건은 입찰가를 낮춰 보수적으로 접근하자는 판단을 했고 패찰했다. 시간이 지나 그 물건을 다시 확인해 보니 낙찰자가 건물 외부를 리모델링해서 깔끔하게 재단장했지만, 여전히 임대 현수막이 걸려 있고 물건은 공실로 남아 있었다.

이 물건은 낙찰받지 않아 다행이라는 생각이 든다. 당시 왜 보수적으로 판단해 물건을 입찰가를 낮췄는지 복기해 보았다. 당시에는 단순히 '물건지 주변으로 사람이 너무 없어서 임차가 어렵겠구나'라는 판단이었다.

하지만 시간이 흐르며 경험이 쌓이자, 청주 물건과 같이 인구가 감소하거나 정체된 지방의 구도심에 위치한 부동산은 피해야 한다는 사실을 알게 됐다. 이용객 자체가 줄어든 상황이라 임대를 맞추기 어렵고 시세도 떨어진다. 부동산의 가치가 당연히 낮아질 수밖에 없는 구조이다.

지금은 이런 물건을 손품 단계에서 충분히 가치 판단했을 것이다. 하지만 초창기에는 이렇듯 물건 분석을 실수했고, 그 당시 직장인으로서 없는 시간을 쪼개고 쪼개서 청주에 임장까지 다녀왔다. 당장의 소득은 없었지만, 지방 도시의 구도심 분위기를 온몸으로 느끼는 좋은 경험이었다.

다시 한번 강조하지만, 손품으로 물건을 분석하며 입찰가를 대략적으로 정했다고 하더라도 임장을 하다 보면 흔들릴 수 있다. 내공과 경험이 부족해서이다. 물건 분석 경험이 쌓이다 보면 자연스레 해결될 테니, 이 시기에는 공격보다는 수비를 한다는 생각으로 접근하는 편이 좋다. 조금이라도 불확실한 부분이 있다면, 입찰가를 보수적으로 낮추는 것이다.

10년 넘게 경매 시장에 있다 보니 좋은 물건은 계속 나온다는 사실을 확실히 알게 됐다. 지금 물건을 놓쳤다고 세상은 무너지지 않는다. 오히려 다음 기회에 더 좋은 물건이 나온다. 그사이 물건 분석하는 안목은 좀 더 세련되고 정밀해진다. 가치 판단이 더 예리해지는 것이다. 너무 겁먹지 말자. 누구나 그렇다.

## 6장

# 낙찰 : 적은 돈으로
# 좋은 물건 낙찰받기

# 입찰 전 준비물과 주의점

경매 물건 분석 후 임장도 다녀오고 최종 입찰 금액까지 정했다면 경매의 90%는 마친 상태이므로 쉬운 과정만 남았다. 나머지 10%는 법원 경매 입찰, 낙찰 후 대출, 명도, 임대 및 매매이다. 단계가 많아서 혹시 어려운 게 아닐까 싶을 수도 있지만 그렇지 않다. 한두 번만 경험하면 금방 익숙해지고 '별거 아니네'라는 생각이 들 것이다. 지금부터 설명할 것은 법원에 가서 입찰하는 방법, 낙찰 후 대출받는 방법, 점유자 명도하는 방법, 임대 및 매매하는 방법 등이다.

경매에서 꼭 필요한 과정이긴 하지만 가장 중요한 경매 물건 자체의 가치 판단 영역은 아니다. 기술적인 요령이 필요할 뿐이다. 먼저 법원에 경매 입찰을 하러 가기 전 확인해야 할 사항을 살펴보자.

경매는 주말과 휴일에는 열리지 않으며, 평일에만 진행된다. 오프라인으로 직접 법원에 가서 입찰해야 하며, 대리인이 할 수도 있다(공매는 온라인으로 입찰 진행).

**입찰 시 준비물**
- 본인 입찰 시 : 신분증, 도장, 입찰 보증금
- 대리인 입찰 시 : 입찰자의 인감증명서와 위임장 및 인감도장, 대리인의 신분증과 도장, 입찰 보증금
- 2인 이상 공동 입찰 시 : 공동 입찰 신고서, 공동 입찰자 목록, 불참자의 인감증명서와 위임장 및 인감도장, 입찰자 또는 대리인의 신분증과 도장, 입찰 보증금

입찰 보증금은 최저가의 10%이다. 단, 미납 등의 사유로 재경매가 진행되는 경우 최저가의 20%를 준비해야 한다.

또한 경매 특성상 입찰 당일에도 사건이 변경되거나 취하될 수 있다. 입찰 전날 '문건·송달 내역'을 확인해 기일변경신청서 접수 여부를 살펴보거나 당일 아침 입찰 물건에 변동사항이 없는지 확인하고 출발하는 것을 추천한다. 경매 법정에 도착하면 게시판의 당일 진행 사건 목록을 최종적으로 확인하고 입찰하면 된다.

# 입찰서 작성 및 제출 방법

경매장에 도착했다면, 이제 입찰서를 제출해야 한다. 실제로 입찰을 진행하는 과정을 하나하나 순서대로 설명해 보겠다.

## 1. 입찰표 작성

입찰 가격은 절대 수정 불가하다. 입찰 가격 숫자가 애매하게 쓰였거나 조금이라도 고친 흔적이 있을 경우 낙찰은 무효로 처리된다. 잘못 썼을 경우, 위험 부담을 안고 입찰표를 제출하기보다는 새로운 입찰표를 달라고 해서 새로 작성하는 것을 추천한다. 입찰표는 경매장에 수십~수 백 장 비치되어 있으니 몇 번이든 다시 쓴다고 전혀 문제될 게 없다.

입찰 가격 적을 때 실수로 '0'을 하나 더 넣는 경우가 발생하기도 한다. '에이~그게 가능해?'라고 생각하겠지만 실제로 있는 일이다. 처음 경매 입찰을 해서 너무 긴장한 경우이거나 경매 당일 여러 이유로 몸

• 입찰표 작성 예시 - 본인이 입찰하는 경우

(앞면)

# 기 일 입 찰 표

의정부지방법원 집행관 귀하          입찰기일 : 2024년 3월 1일

| 사건번호 | | 2024타 경 | ○○○○호 | 물건번호 | | ※ 물건번호가 여러개 있는 경우에는 꼭 기재 | |
|---|---|---|---|---|---|---|---|
| 입찰자 | 본인 | 성 명 | 부가남 | | 전화번호 | 010-○○○○-○○○ | |
| | | 주민(사업자)등록번호 | 820101-○○○○○○○ | 법인등록번호 | | | |
| | | 주 소 | 서울시 ○○구 ○○동 ○○○○ | | | | |
| | 대리인 | 성 명 | | | 본인과의 관계 | | |
| | | 주민등록번호 | | | 전화번호 | – | |
| | | 주 소 | | | | | |

| 입찰가격 | 천억 | 백억 | 십억 | 억 | 천만 | 백만 | 십만 | 만 | 천 | 백 | 십 | 일 | 원 | 보증금액 | 백억 | 십억 | 억 | 천만 | 백만 | 십만 | 만 | 천 | 백 | 십 | 일 | 원 |
|---|---|---|---|---|---|---|---|---|---|---|---|---|---|---|---|---|---|---|---|---|---|---|---|---|---|---|
| | | | ■ | | ■ | | | ■ | | | ■ | | | | | ■ | | | ■ | ■ | | | | | | |

| 보증의 제공방법 | □ 현금·자기앞수표 □ 보증서 | 보증을 반환 받았습니다.<br><br>입찰자          부가남 |
|---|---|---|

주의사항.

1. 입찰표는 물건마다 별도의 용지를 사용하십시오, 다만, 일괄입찰시에는 1매의 용지를 사용하십시오.

2. 한 사건에서 입찰물건이 여러개 있고 그 물건들이 개별적으로 입찰에 부쳐진 경우에는 사건번호외에 물건번호를 기재하십시오.

3. 입찰자가 법인인 경우에는 본인의 성명란에 법인의 명칭과 대표자의 지위 및 성명을, 주민등록란에는 입찰자가 개인인 경우에는 주민등록번호를, 법인인 경우에는 사업자등록번호를 기재하고, 대표자의 자격을 증명하는 서면(법인의 등기사항증명서)을 제출하여야 합니다.

4. 주소는 주민등록상의 주소를, 법인은 등기기록상의 본점소재지를 기재하시고, 신분확인상 필요하오니 주민등록증을 꼭 지참하십시오.

5. 입찰가격은 수정할 수 없으므로, 수정을 요하는 때에는 새 용지를 사용하십시오.

6. 대리인이 입찰하는 때에는 입찰자란에 본인과 대리인의 인적사항 및 본인과의 관계 등을 모두 기재하는 외에 본인의 위임장(입찰표 뒷면을 사용)과 인감증명을 제출하십시오.

7. 위임장, 인감증명 및 자격증명서는 이 입찰표에 첨부하십시오.

8. 일단 제출된 입찰표는 취소, 변경이나 교환이 불가능합니다.

9. 공동으로 입찰하는 경우에는 공동입찰신고서를 입찰표와 함께 제출하되, 입찰표의 본인란에는"별첨 공동입찰자목록 기재와 같음"이라고 기재한 다음, 입찰표와 공동입찰신고서 사이에는 공동입찰자 전원이 간인 하십시오.

10. 입찰자 본인 또는 대리인 누구나 보증을 반환 받을 수 있습니다.

11. 보증의 제공방법(현금·자기앞수표 또는 보증서)중 하나를 선택하여 ☑표를 기재하십시오.

| **2022타경8** | | • 인천지방법원 본원 • 매각기일 : 2023.06.13(火) (10:00) • 경매 26계(전화:032-860-1626) | | | | |
|---|---|---|---|---|---|---|
| 소 재 지 | 인천광역시 미추홀구 주안동 | | | 도로명검색 | D 지도 | N 지도 | R 주소 복사 |
| 새 주 소 | 인천광역시 미추홀구 경인 | | | | | |
| 물건종별 | 다세대(빌라) | 감 정 가 | 152,000,000원 | 오늘조회: 1 2주누적: 4 2주평균: 0 조회동향 | | |
| 대 지 권 | 27.67㎡(8.37평) | 최 저 가 | (49%) 74,480,000원 | 구분 | 매각기일 | 최저매각가격 | 결과 |
| 건물면적 | 45.09㎡(13.64평) | 보 증 금 | (20%) 14,896,000원 | 1차 | 2023-01-16 | 152,000,000원 | 유찰 |
| | | | | 2차 | 2023-02-27 | 106,400,000원 | 유찰 |
| 매각물건 | 토지·건물 일괄매각 | 소 유 자 | 최● | 3차 | 2023-04-04 | 74,480,000원 | 매각 |
| | | | | 매각 896,800,000원(590%) / 17명 / 미납 (차순위금액:98,000,000원) | | |
| 개시결정 | 2022-07-14 | 채 무 자 | 최● | 2023-06-13 | | 74,480,000원 | 변경 |
| 사 건 명 | 임의경매 | 채 권 자 | ●●율금고 | 본사건은 변경 되었으며 현재 매각기일이 지정되지 않았습니다. | | |

과 마음이 바쁜 나머지 어처구니없는 실수를 하는 것이다.

위는 최저가 7,500만 원 수준의 물건을 8억 9,680만 원에 낙찰받은 경우이다. 원래는 8,968만 원으로 입찰하려고 했는데 '0'을 하나 더 적었다고 한다. 결국 낙찰자는 9억 원 가까운 돈을 내는 대신 건물을 매입할 권리를 포기하고 입찰 보증금 745만 원을 날려야 했다.

이와 같은 불상사를 방지하기 위해서는 입찰 보증금을 전날 미리 준비하고, 입찰 당일에는 교통 체증을 고려해서 최소 30분에서 1시간 정도 미리 출발하는 등 여유 있게 시간을 계획하길 바란다. 일찍 도착해서 경매장 분위기도 살피고, 커피 한잔 마시면서 입찰 물건을 최종 점검하는 여유를 가진다면 이런 실수는 줄어들 것이다.

'개별 매각 사건'이라면 물건 번호를 기재해야 한다. 개별 매각이란 한 사건에서 두 개 이상의 물건을 각각 따로 매각하는 방법이다.

예를 들면, 다세대 건물(빌라)에서 201호, 202호, 203호, 205호만 각

| 사진 | 사건번호(물번) 물건종류 | 소재지 | 감정가 최저매각가 | 진행 상태 | 매각기일 (시간) | 조회수 (최근결제) |
|---|---|---|---|---|---|---|
| | 22-8834(4) 다세대(빌라) | 인천광역시 미추홀구 주안동 205호 [대지권 27.67㎡, 건물 45.09㎡] | 152,000,000 74,480,000 | 변경 (49%) | 2023.06.13 (10:00) | 1,011 (오늘) |
| | 22-8834(1) 다세대(빌라) | 인천광역시 미추홀구 주안동 201호 [대지권 25.81㎡, 건물 42.06㎡] | 142,000,000 99,400,000 104,000,000 | 매각 (70%) (73%) | 2023.02.27 (10:00) | 540 |
| | 22-8834(2) 다세대(빌라) | 인천광역시 미추홀구 주안· 202호 [대지권 24.87㎡, 건물 40.53㎡] | 137,000,000 95,900,000 104,000,000 | 매각 (70%) (76%) | 2023.02.27 (10:00) | 404 |
| | 22-8834(3) 다세대(빌라) | 인천광역시 미추홀구 주안· 203호 [대지권 26.44㎡, 건물 43.09㎡] | 145,000,000 101,500,000 104,000,000 | 매각 (70%) (72%) | 2023.02.27 (10:00) | 373 |

각 경매하는 것이다. 위는 주인은 동일한데 각 호별로 개별 매각이 진행됐다. 201호, 202호, 203호는 이미 매각됐고 205호는 매각이 진행된 사례이다. 만일 205호에 입찰하려고 한다면 사건 번호는 [2022타경8834]이며, 물건 번호인 '4'를 반드시 함께 기입해야 한다. 만일 물건 번호를 적지 않는다면 그 입찰은 무효가 된다. 물건 번호가 없을 경우, 201호에 입찰했는지 205호에 입찰했는지 구분이 가지 않기 때문이다.

법원이 한 빌라의 201~205호라는 총 네 개의 물건을 일괄이 아닌 개별로 매각하는 이유는 채권자를 보호하기 위해서 일괄 매각할 경우 전체 금액대가 높아지고 낙찰자는 주택 4개호를 가진 다주택자가 되므로 낙찰률이 떨어질 확률이 높다. 반면, 개별 매각으로 진행하면 금액대가 낮아져 경매 참여율이 높아진다. 결국 물건의 낙찰률이 높아지므로 채권자에게 긍정적인 방법이다.

## 2. 매수신청보증봉투에 돈 넣기

• 매수신청보증봉투 예시

매수신청보증봉투에 준비한 입찰 보증금을 넣고, '날인' 표시에 도장을 찍는다. 입찰 보증금이 부족하면 낙찰은 무효가 된다. 보증 금액은 일반적으로 최저매각가격의 10%이다. 재매각 사건이라면 법원에 따라 보증 금액이 최저가격의 20% 또는 30%이므로, 반드시 사전에 확인해서 돈이 부족하지 않도록 준비해야 한다.

## 3. 입찰 봉투에 입찰표와 매수신청보증봉투 넣기

● 입찰 봉투 예시

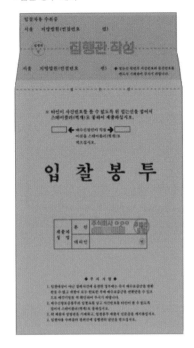

입찰 봉투 앞면에 제출자 본인의 이름을 쓰고 도장을 찍는다. 뒷면에는 사건 번호를 적는다. 개별 매각 사건이라면 물건 번호도 기입한다. 마지막으로 날인 표시가 있는 부분에 도장을 찍으면 된다.

## 4. 개찰

해당 물건 경매에서 최고가로 입찰한 사람이 낙찰자가 된다. 낙찰자는 입찰 보증금 영수증을 받는데 이는 최고가매수신고인이 되었다는 법원의 증표이다. 이 영수증을 잘 간직하고 있다가 대출을 진행할 때

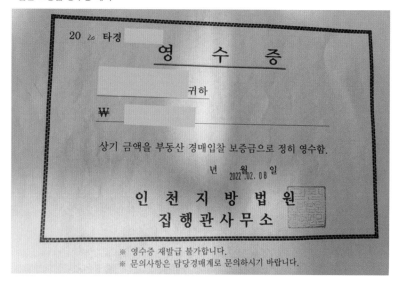

법무사에게 건네면 된다.

　나머지 사람들은 자신이 낸 입찰 보증금을 돌려받고 집으로 돌아가면 된다. 실제로 경매를 하다 보면 입찰 보증금 영수증을 받는 경우보다 입찰 보증금을 다시 받는 경우가 훨씬 많다. 낙찰보다 패찰이 많다는 얘기다. 그렇다고 낙담하거나 슬퍼할 필요는 없다. 몇 번이나 강조하지만, 경매 물건은 매주 약 1,000건씩 쏟아져 나오고, 그중 좋은 물건은 항상 있다.

　패찰한 물건이 너무 아까워 차순위매수신고를 하는 경우도 있다. 최고가매수신고인(최고가 입찰자)이 어떤 이유로 인해 잔금을 지급하지 못한다면 법원은 그의 입찰 보증금을 몰수하고 재경매를 실시한다.

하지만 해당 경매에 차순위매수신고인이 있다면 재경매를 하지 않고 그에게 매각을 허가한다.

차순위매수신고는 개찰 후 해당 사건이 종결되기 전에 신청해야 한다. 낙찰 금액 2등만 차순위매수신고를 할 수 있는 것은 아니다. 최고가매수신고금액에서 입찰 보증금을 뺀 금액 이상의 입찰가를 써낸 사람은 모두 가능하다. 예를 들어, 입찰 보증금이 1억 원, 낙찰가가 10억 원이라면 9억 원(10억 원-1억 원) 이상으로 입찰가를 쓴 모두가 가능하다. 만일 두 명 이상이 차순위매수신고를 한다면(거의 없는 경우이다) 입찰가가 높은 사람이 차순위매수신고인으로 정해지고, 가격이 같은 경우에는 추첨으로 결정한다.

차순위매수신고의 단점은 최고가매수신고인이 낙찰 대금을 완납할 때까지 입찰 보증금을 반환받을 수 없다는 것이다. 최고가매수신고인이 잔금을 내지 못할 경우를 기다려야 하므로, 그 기간 동안 입찰 보증금이 법원에 묶여 있게 된다. 따라서 차순위매수신고는 신중하게 결정해야 한다. 일반적으로 최고가매수신고인이 잔금을 내지 못해 차순위에게 기회가 오는 일은 드물기에, 실제 법원 경매 현장에서도 차순위매수신고를 하는 경우는 적은 편이다.

# 대출은 문자 메시지와
# 엑셀 시트로 간단하게 해결한다

경매 물건을 낙찰받게 되면 크게 두 가지를 신경 써야 한다. 대출과 명도이다. 특수 물건(앞에서 언급한 네 가지 즉, 선순위임차인, 유치권, 지분, 법정지상권 물건)이 아닌 일반 물건이라면 대출을 받는 데 문제가 없다. 경매의 경우 경락잔금대출 상품을 이용한다. 1금융권 일부 및 2금융권(신협, 수협, 지역농협, 새마을금고 등), 보험회사에서 경락잔금대출을 취급한다.

기본적으로 감정가의 70% 또는 낙찰가의 80% 중 낮은 금액이 최대 대출 한도라고 이해하면 된다. 감정가 대비 50~60%대로 일반 물건을 낙찰받았을 경우에는 낙찰가의 90%를 대출받을 수도 있다. 이 경우 임차인을 맞춘다면 자기 자본이 거의 들어가지 않는 무피 투자가 가능해진다. 실제 투자금이 한 푼도 들지 않는다는 뜻이다. 실제 나 역시 다가구, 상가를 무피 투자로 세팅했고, 매달 월세를 받다가 수익을 내고 매각한 경험이 있다.

• 경락잔금대출을 취급하는 은행(빨간색으로 표시한 업체)

경락잔금대출을 취급하는 은행은 어떻게 알 수 있을까? 일단, 법원에서 경매 낙찰을 받게 되면 내 주변에 최소 10명 이상의 대출 상담사, 일명 '대출 이모님'이 모여들어 명함을 건네고, 낙찰자의 전화번호를 묻는다. 이때 먼저 전화번호를 알려 줄 수도 있는데, 나의 경우

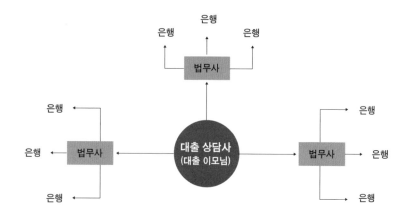

굳이 알려 주지는 않는 편이다. 대신 명함에 적힌 전화번호로 연락드린다고 말하고 최대한 많은 대출 명함을 수집한다.

대출 이모님들의 역할은 낙찰자를 법무사, 경락잔금대출을 취급하는 금융권 지점들과 연계해 주는 것이다. 그들은 대출이 성사되면 주로 은행 또는 법무사로부터 수수료를 받는다. 그렇기에 낙찰자에게 열심히 영업을 하는 것이다. 경락잔금대출을 어떻게 받지 노심초사 걱정할 필요가 없다. 낙찰자는 여러 조건 중에 가장 좋은 조건을 비교 분석하고, 선택하기만 하면 된다.

대출은 낙찰자의 노력 여부에 따라 최종 조건이 달라진다. 최대한 많은 대출 이모님에게 연락을 취해 대출 조건을 확인해야 한다. 물건을 구매하기 전에 최대한 많은 견적을 받는다고 이해하면 된다. 많이 의뢰할수록 시간과 노력이 필요하지만 그만큼 대출을 좋은 조건으로 받을 확률도 높아진다.

나는 직장을 다니면서 대출을 알아 봐야 했기에, 대출 조건을 효율적으로 확인할 방법이 무엇일까 고민했다. 매번 대출 이모님들과 전화 통화를 하는 건 부담스러웠다. 업무 시간에 사적인 통화를 해야 하므로 회사에 눈치도 보였다. 나의 경우, 보통 15~20군데에 대출을 의뢰하지만, 주변 지인은 총 60군데와 연락하는 것을 본 적이 있다. 최소한 나 정도는 해야 조금이라도 더 좋은 조건을 선택할 수 있다는 뜻이다. 결국 내가 직장인으로서 선택한 방법은 문자 메시지를 이용하는 것이었다.

먼저 자신의 낙찰 내역과 감정가, 낙찰가를 적고, 궁금한 내용을 글로 정리한다. 이 내용을 복사해서 법원에서 받은 명함의 전화번호에 문자 메시지로 보낸다. 직접 전화 통화를 한 적도 있는데, 시간도 많이 걸리고 앵무새처럼 똑같은 말을 반복해야 하니 피곤하고 힘들었다.

말로 물어 보는 것보다 문자로 남기는 것이 효율적이고 정보 전달도 정확하겠다는 판단이 들었다. 대출 이모님 입장에서 생각해 봐도 통화 내용을 메모지에 적어서 법무사에 전달하는 것보다 아예 문자 메시지 전체를 전하는 편이 더 효율적일 것 같았다.

**대출 조건 확인을 위한 문자 메시지 예시**

2022타경12345 근린생활시설 낙찰자입니다.
감정가 10억 원, 낙찰가 7억 원(감정가 대비 70%)
대출 한도, 금리, 중도상환 수수료, 그 외 특약 조건 등을 확인 부탁드립니다.
낙찰자 명의는 개인이며, 신용 상태는 양호합니다.

- 주의사항 : 법인의 경우, '재무제표는 양호합니다'라고 표현.
  낙찰 물건이 주택일 경우, 무주택자인지 다주택자인지도 명기해야 함.

　

나의 경우 낙찰 당일 또는 그 다음날 문자를 보내는데, 하루이틀 정도 지나면 회신이 오기 시작한다. 보통 전화가 오는데, 받기 불편하다면 "지금 회의 중인데 문자 메시지로 (대출) 조건을 알려 주실래요?"라고 간단하게 답변하고 끊으면 된다.

문자로 대출 조건을 받으면 한눈에 비교 분석하기 쉽게 표로 정리한다. 이후 가장 괜찮은 조건을 제시한 두세 군데 업체를 최종 후보군으로 압축한다.

예시의 경우, 대출 한도와 금리, 중도상환 수수료 등의 조건을 종합적으로 고려했을 때, 하나은행, 기업은행, 농협이 가장 우수하다. 은행 세 개를 골랐다면, 선택과 집중을 해서 대출 담당자와 전화 통화를 진행한다. 낙찰자는 돈을 빌리는 입장이면서 동시에 대출 이자를 내는 고객이기도 하니 굳이 저자세로 숙일 필요는 없다. 필요할 경우

• 대출 조건 엑셀 정리 예시

| 대출 이모 | 임○○ | 송○○ | 이○○ | 신○○ | 김○○ | 백○○ | 조○○ |
|---|---|---|---|---|---|---|---|
| 직급 | 팀장 | 팀장 | 실장 | 사무장 | 팀장 | 대리 | 대리 |
| 연락처 | 010-XXXX-XXXX | 010-XXXX-XXXX | 010-XXXX-XXXX | 010-XXXX-XXXX | 010-XXXX-XXXX | 010-XXXX-XXXX | 010-XXXX-XXXX |
| 은행 | 신협 ○지점 | 수협 ○지점 | 현대해상 | 삼성생명 | 농협 ○지점 | 기업은행 ○지점 | 하나은행 ○지점 |
| 한도 | 6억 원 | 6억 2,000만 원 | 5억 5,000만 원 | 6억 2,000민 원 | 6억 1,000만 원 | 6억 2,000만 원 | 6억 3,000만 원 |
| 금리 | 4.20% | 4.30% | 4.80% | 4.70% | 4.10% | 3.95% | 4.00% |
| 중도상환 수수료 | 1.5% 3년 | 1.5% 3년 | 1.5% 3년 | 1.5% 3년 | 1.5% 3년 | 1.5% 3년 | 1.5% 3년 |
| 특약 조건 | 없음 | 주거래 은행 계좌 만들기 | 없음 | 없음 | 주거래 은행 계좌 만들기 | 주거래 은행 계좌 만들기 | 신용카드 만들기 |

당당하게 한도를 늘려 달라고 요청하고, 금리를 낮춰 달라고 얘기할 수도 있다. 금리를 여기보다 더 낮게 해 준다는 업체도 있다는 식으로 정보를 흘리면서 협의를 진행한다. 마지막 단계에서는 이렇듯 전화 통화도 필요하기에, 은행을 세 개 정도로 압축하는 것이다. 실제로 후보가 다섯 개만 되어도, 핸들링하기가 버겁다.

낙찰받은 날로부터 약 2주의 매각 허가 결정 기간이 있고 이후 4주 내에 잔금을 치러야 한다. 총 6주의 시간이 있는 셈이다. 이 기간 동안 대출을 알아 보고 최종 한 곳의 은행을 정해서 경락잔금대출을 실행하면 된다. 다시 한번 말하지만 은행 입장에서 낙찰자는 고객이다. 고객이 두려워할 이유는 없다. 당당하게 협의해 대출 조건을 유리하게 이끌어 나가자.

정리하자면, 법원에서 명함을 최대한 입수하고 문자 메시지로 대출 조건 정보를 얻은 다음 그중 가장 좋은 조건의 은행과 대출 협의를 진행하는 것이다. 대출 이모님들과 경락잔금대출을 알선하는 법무사의 전화번호는 시중에 많이 떠돈다. 나의 경우에도 100명 이상의 정보를 갖고 있다. 그들은 대출을 알선해야 수익을 얻기에 친절할 수밖에 없다. 낙찰자는 그 서비스를 최대한 누리면 된다. 낙찰받고 대출받기, 참 쉽다.

1 YEAR 1 REAL ESTATE AUCTION

## 7장

# 명도 & 임대 : 대면 없이 명도하고
# 수익률 높이기까지!

# 명도의 여러 가지 경우

명도는 경매를 시작하는 초보에게 가장 어렵고 두려운 주제이다.

'기존에 살고 있는 사람에게 어떻게 나가라고 말하지? 안 나가겠다고 버티면 어떡하지? 이사비는 얼마나 줘야 하는 거지? 상대방이 깡패를 부르면? 나한테 고함을 치거나 물리적인 위협을 가하면 어떡하지? 집에 병든 노인이나 어린아이가 있을 경우는?' 등등 여러 가지 상상을 하다 보면 과연 명도를 할 수 있을까 걱정이 앞선다.

지피지기면 백전백승인 만큼, 명도에 대해 하나하나 알아가 보자. 먼저 명도의 사전적 의미이다. '토지나 건물 또는 선박을 점유하고 있는 자가 그 점유를 타인의 지배하에 옮기는 것이다. 법문상으로는 인도로 규정하고 있으며(민사집행법 258조 1항) 명도라는 말은 사용하지 않는다.' 사전적 의미가 직관적으로 잘 이해되지는 않을 것이다.

부동산 경매에서 발생하는 모든 종류의 명도를 구분하고, 각각의 사례에서 어떻게 명도를 진행해야 하는지 살펴보자.

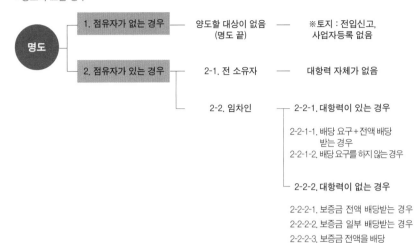

## 1. 점유자가 없는 경우

명도 대상이 없기에 명도를 할 필요 자체가 없다. 주로 토지의 경우가 해당된다. 건물 자체가 없기에 주거를 위한 전입 또는 사업을 위한 사업자 등록 자체가 신고되지 않은 경우이다. 가장 단순한 경우이다.

## 2-1. 점유자가 있으며 전 소유자일 경우

전 소유자에게 대항력 자체가 성립하지 않는다. 대항력은 임차인을 보호하기 위한 제도이기 때문이다. 대항력이 없는 경우는 인도명령 제도를 활용해 강제집행이 가능하다. 강제집행비용 내에서 이사비를 협의해 명도할 수 있다. 여기서 핵심 포인트는 강제집행이 가능하다는 점이다. 이 부분은 반복해서 언급될 것이다.

## 2-2. 점유자가 있으며 임차인인 경우

### 2-2-1. 임차인이 대항력이 있는 경우

명도가 가장 까다롭고 어려운 케이스이다. 말소기준권리보다 전입신고(주거형) 또는 사업자등록일(상가)이 빠른 경우 임차인은 대항력을 갖는다(자세한 내용은 '권리 분석' 장을 참고). 낙찰자가 인도명령제도를 활용해 강제집행을 법원에 요청할 수 없다. 즉, 법원의 힘을 빌려 강제집행을 할 수 없다.

#### 2-2-1-1. 임차인이 대항력이 대항력이 있으며 배당 요구+전액 배당 받는 경우

대항력이 있어도, 배당을 받겠다는 의사를 법원에 표했고 전액 배당받는 경우는 명도가 쉽다. 임차인이 배당 요구를 했다는 것은 보증금을 배당받고 이사를 나가겠다는 의사를 표한 것이다. 임차인이 배당금을 받기 위해서는 법원에 낙찰자의 명도확인서와 인감증명서를 반드시 제출해야 한다.

임차인이 짐을 뺀 후 집의 비밀번호 또는 열쇠를 낙찰자에게 넘기면, 공과금 정산까지 끝났음을 확인한 이후 명도확인서와 인감증명서를 주면 된다.

이때 임차인이 "짐을 빼기 전에 이사 갈 곳을 알아봐야 하는데, 새로운 집에 계약금도 내야 하고 이사 비용도 필요하기 때문에 명도확인서를 먼저 달라"고 하는 경우가 종종 발생한다. 절대 이사 나가기 전에 명도확인서를 줘서는 안 된다. 그 서류가 임차인 손에 넘어가는

**부당이득금이란?**

부당이득금이란, 법률상의 원인 없이 타인의 재산이나 노무로 부당하게 얻은 이익 금액을 말한다. 부당이득금을 청구하며 점유자를 압박할 수 있는데 그 근거는 다음과 같다. 대법원 판례와 민법을 근거로 낙찰자는 점유자에게 합법적으로 월세를 받을 수 있는 것이다.

- 대항력 + 우선변제권 + 보증금 전액 배당 : [대법원2004.8.30 선고 2023다23885] 에 근거, 배당표가 확정될 때까지 부당이득 아님.
- 대항력 + 우선변제권 + 보증금 일부 배당 : [대법원1998.7.10 선고 98다15545]에 근거, 배당받은 보증금에 한해 부당이득 반환 의무 있음.
- 대항력 없음 : [민법 제741조 부당이득의 내용] '법률상 원인 없이 타인의 재산 또는 노무로 인하여 이익을 얻고 이로 인하여 타인에게 손해를 가한 자는 그 이익을 반환하여야 한다'에 근거, 점유자는 잔금납부일부터 낙찰자에게 부당이득을 반환할 의무가 있음.

순간 낙찰자는 협상의 주도권을 잃게 된다. 임차인이 배당은 배당대로 받고 점유를 이어나갈 수도 있다. 이 경우 길고 긴 명도 소송과 부당이득 반환청구 소송도 진행해야 하는 등 여러모로 피곤한 상황이 발생한다. 결국 낙찰자가 이기는 싸움이긴 하지만 그동안 자신의 재산권을 행사하지 못하는 불상사가 발생한다.

다시 한번 강조한다. 임차인이 그 어떤 딱한 사정을 설명하더라도 이사 나가는 것이 확인되기 전까지는 절대 낙찰자의 명도확인서와 인감증명서를 주면 안 된다.

2-2-1-2. 임차인이 대항력은 있으나 배당 요구를 하지 않은 경우

보증금을 돌려받고 이사 나가는 것보다는 계속 머무르겠다는 의

# 명 도 확 인 서

사건번호 : 2020타경 528    부동산 임의경매

임차인 성명 :

주소 :

위 사건에서 위 임차인은 임차보증금에 따른 배당금을 받기 위해 매수인에게 목적부동산을 명도하였음을 확인합니다.

첨부서류 : 매수인 명도확인용 인감증명서 1통

2022년 4월 18일

매수인           (인)

연락처 : H.P

**지방법원**     **귀중**

사를 표시한 것이다. 이 경우 임차인의 보증금은 낙찰자가 인수해야 한다. 예를 들어 보증금 5,000만 원, 월세 200만 원의 임대차 계약이라면, 낙찰자는 임차인으로부터 보증금 5,000만 원을 받을 수 없다. 하지만 그 계약이 끝난 후 이사를 나갈 때, 낙찰자는 임차인에게 보증금 5,000만 원을 돌려줘야 한다. 대항력이 있는 임차인이기 때문이다. 결국 보증금 비용을 항상 염두하고 실투자금을 준비해야 한다. 대항력이 있기에 마음대로 명도를 할 수도 없고, 보증금도 나중에 돌려줘야 하기에 입찰 때부터 그 비용을 고려해서 낙찰 금액을 설정해야 한다.

2-2-2-1. 임차인이 대항력이 없고 전액 배당받는 경우

낙찰자 입장에서 가장 쉬운 케이스이다. 임차인은 대항력이 없기에 강제집행 대상이다. 낙찰자가 강제집행을 신청하면 언제든 법원에서 대신해 임차인 명도를 해 준다. 임차인은 보증금 전액을 배당받기에 낙찰자에게 협조적이다. 배당을 받기 위해서는 낙찰자의 명도 확인서와 인감증명서가 필요하기 때문이다. 이 경우에는 이사비를 준비하지 않아도 된다.

2-2-2-2. 임차인이 대항력이 없고 일부 배당받는 경우

임차인의 금전적 손해가 얼마인지가 중요하다. 예를 들어, 보증금 2억 원 중 1억 원을 배당받는 경우와 3,000만 원을 배당받는 경우, 임차인의 저항은 각각 다르다. 여기서부터는 이사비를 어느 정도 고

려해야 명도가 수월하게 가능하다. 법률적으로 낙찰자는 점유자에게 이사비를 줄 의무가 없다. 관행적으로 이사비를 일부 챙겨 줄 뿐이다.

임차인은 대항력이 없기에 낙찰자가 언제든 강제집행을 법원에 요청할 수 있다. 강제집행 비용은 평당 10만 원 정도로 계산하면 된다. 예를 들어, 전용면적 기준으로 약 66㎡(20평)의 부동산이라면 강제집행비용으로 대략 200만 원을 예상하면 된다. 낙찰자가 그 비용을 법원에 지불하면 강제집행이 이루어진다. 강제집행을 신청할 경우, 실제 집행관이 현장에 나와 강제집행 계고를 하면서 용역 인원이 몇 명 필요한지 어림 계산을 한다. 사건마다 짐이 얼마나 많은지 등이 다르기 때문이다. 법원마다 기본 비용이 조금씩 다르기도 하다. 낙찰자는 법원 집행관에게 유선 또는 대면으로 강제집행비용이 대략 얼마 정도 나올지 확인할 수 있다. 그 비용을 근거로 임차인과 이사비 협상을 진행하면 된다.


### 2-2-2-3. 임차인이 대항력이 없고 보증금 전액을 배당받지 못하는 경우

가장 안타까운 상황이다. 강제집행비용 내에서 이사비를 책정하고, 문자 메시지로 협의한다는 기본 원칙은 동일하다. 임차인의 딱한 사정을 감안해서 다른 경우보다 이사비를 조금 더 챙겨 주기도 하지만 꼭 그럴 필요까지는 없다. 어찌 됐든 강제집행비용 내에서 명도는 할 수 있다.

혹자는 강제집행비용이 발생하면, 강제집행을 당하는 임차인에게 구상권을 청구해서 추후 그 비용까지 받을 수 있다고 한다. 물론 가능은 하겠지만 보증금도 잃고 쫓겨나는 사람에게 그 비용까지 청구하는 건 심한 처사가 아닌가 싶다. 경매라는 게 돈을 벌기 위해 하는 행위이기는 하지만 굳이 그렇게까지 할 필요는 없지 않을까?

명도와 관련해 발생될 수 있는 모든 사례를 살펴보았다. 대항력이 있는 임차인이라도 협의가 가능하며, 대항력이 없는 임차인은 낙찰자가 절대적으로 유리한 입장이다. 이사비도 강제집행비용 내에서 해결할 수 있다.

# 대면 없이 쉽고 깔끔하게 명도하는 법

임차인에게 대항력이 없으며 강제집행비용이 200만 원 정도로 예상되는 경우, 낙찰자는 임차인에게 이사비를 200만 원 줄 테니 언제까지 짐을 빼 달라고 제안한다. 동시에 법원에 강제집행을 요청하면 그 비용을 법원에 지불하고 명도를 진행할 수 있다는 사실을 임차인에게 알린다. 이 제안과 협상을 진행할 때 나는 주로 문자 메시지를 이용한다.

유선 통화나 직접 대면하는 것보다 시간적으로나 정신적으로 효율적이다. 명도 대상 임차인들은 낙찰자를 적대시하는 마음과 두려움, 걱정, 쫓기는 마음 등 복합적인 심리 상태이다. 따라서 유선 통화나 대면으로 얘기를 나누다 보면 대체로 낙찰자의 말을 제대로 듣지 않고 자기 할 말만 되풀이하는 경향이 매우 강하다. 궁지에 몰렸기에 귀는 닫고 자기주장만 앵무새처럼 반복한다.

반면 문자 메시지는 글이기에 임차인이 여러 번 읽고 또 읽는다. 낙찰자의 제안을 눈으로 읽게 되는 셈이다. 주변 법무사나 전문가에게 낙찰자의 문자 메시지를 보여 주며 사실 여부를 확인하기도 한다. 임차인이 강제집행 대상이며 그 비용이 합리적이라는 사실을 자신이 선택한 전문가가 확인시켜 주는 순간, 명도 협상은 끝난다.

낙찰자가 문자 메시지를 보내면 수일 내 임차인에게 회신이 온다. 보통 언제까지 이사를 나갈 테니 이사비를 조금 더 챙겨 주면 안 되겠냐는 내용이다. 대부분 이런 패턴으로 명도가 진행된다.

이전 장에서 보증금이 2억 원인데 배당을 1억 원 받는 경우와 3,000만 원을 받는 경우를 언급했다. 기본적으로 임차인은 명도를 당할 수밖에 없는 상황이기에 낙찰자는 강제집행비용 내에서 이사비를 책정해서 협상을 진행하면 된다. 보증금을 많이 잃는 임차인에게 도의상 100만 원이라도 이사비를 더 주는 경우도 있다. 이 부분은 정답이 없다. 임차인이 얼마나 적극적으로 협조했는지, 보증금을 얼마나 잃게 되는지 등 여러 상황을 고려해서 낙찰자가 정하면 된다. 단, 낙찰자가 절대적으로 유리하다는 점은 변함이 없다.

다음은 내가 사용하는 내용증명 서식이다. 개인감정을 배제하고 최대한 건조하게, 향후 경매 진행 절차에 대한 정보를 담아서 보내면 된다. 만일 처음부터 낙찰자가 점유자를 직접 대면하거나 유선 통화할 경우, 의사소통이 되었을까? 전혀 그렇지 않다. 설령 점유자가 전

# 내 용 증 명

## 제목 : 낙찰 후 법적 절차 예정 통보

수신인 :

주소 :

발신인 :

주소 :

<부동산의 표시>

아 래

1. 귀하의 발전을 간절히 기원합니다. 본인은 ＿＿법원 본원 ＿＿＿＿ 부동산 임의경매절차에서 상기 부동산을 낙찰받은 최고가 매수인입니다. 상기 부동산을 점유하고 있는 귀하에게 앞으로 진행될 절차에 대해 알려드리고자 본 서면을 보내드립니다.

2. 귀하는 상기 부동산을 점유하고 있기는 하나 본 낙찰자와 아무런 법률관계가 없으므로, 본인에게 상기 부동산을 인도하여야 하며, 본인이 소유권을 취득한 날부터는 부동산을 무단으로 사용하고 있는 것에 대한 월세 상당의 부당이득금을 지급할 의무가 있습니다. 귀하는 본인의 매각대금 완납일로부터 상기 부동산을 명도하는 시점까지 매월 상기 부동산 ＿＿＿ 의 1%로 보증금 없는 월 임대료 상당의 임료를 지급해 주시기를 요청 드립니다. (계좌번호: 예금주 ＿＿＿＿, ＿＿＿＿＿＿＿＿＿＿) 또한, 본인은 잔금 납부 및 소유권 이전 등기 후 귀하를 상대로 ＿＿＿

3. 귀하가 법원에서 임차보증금을 배당 받기 위해서는 낙찰자 본인의 명도확인서와 인감증명서가 필요합니다. 본인은 귀하의 보증금 수령을 위해 상기 부동산의 이사 완료 및 관리비 정산 후 위 서류들을 교부해 드리도록 하겠습니다. 본인이 매각대금을 완납 후 약 한 달 후로 배당기일이 정해질 것입니다. 따라서 위 날짜 이전에 이사를 나가주시기 바랍니다. 만약 본인과 귀하 사이에 합의가 이루어지지 않을 경우 강제집행이 이루어질 수 있으며, 위와 같은 강제집행절차에 의해 상기 부동산이 인도될 경우에는 위 강제집행절차를 진행하는데 드는 모든 소송비용 및 강제집행비용(노무비용, 창고보관료 등 포함)을 귀하에게 청구할 예정입니다.

4. 귀하 또한 이 사건의 부동산이 경매로 매각되어 지금까지 많은 정신적 고통이 있었을 것으로 생각되며, 본인도 이 점에 대해 진심으로 안타깝게 생각하는 바입니다. 귀하와 본인의 원만한 협의를 통해 빠른 합의점을 찾기를 기대합니다.

202 ＿ .

낙찰자 ＿＿＿ (인)

화를 걸어오더라도 "지금은 회의 중이라 전화 받기가 곤란하다. 잠시 후 연락드리겠다"라고 말하며 유선 통화를 피한다. 직장 생활 중 실제로 일과 시간에는 전화를 받기 어려운 측면도 있었지만, 그동안의 명도 과정에서 유선 통화는 별로 도움이 되지 않는다는 걸 알았기 때문이다. 문자 메시지는 증빙자료로 활용하기에도 좋기 때문에 여러모로 쓸모가 많다.

지금까지 명도한 점유자가 수십 명이다. 다행히 그동안 불미스러운 일은 단 한 번도 발생하지 않았다. 서로 삿대질 또는 멱살을 잡고 목청 높여 싸워 본 적도 없고, 폭력을 행사하는 점유자를 만난 적도 없다. 욕설도 한마디 들어 본 적이 없다. 정확하게는 명도 전 딱 한 번 점유자를 대면한 적이 있고 나머지는 전부 내용증명과 문자 메시지로 해결했다. 그 외 점유자를 만난 적은 재계약을 하게 됐을 때뿐이다. 재계약을 하지 않는 경우는 이사 나간 것을 확인한 후, 등기우편으로 명도확인서와 인감증명서를 보냈다.


점유자와 우연찮게 경매 물건지에서 마주친 적이 있다. 낙찰 후 기분이 좋아서 부동산을 보러 갔다가 건물 현관에서 3층 점유자를 만난 것이다. 초등학교 여자 선생님이었는데 나를 보고 화들짝 놀란 기색이었다. 저녁 6시 이후 어스름하게 어두워지는 시간대에 덩치 큰 남자를 만나게 되니 두려웠던 것 같다. 그분은 목소리가 살짝 떨렸고 몸은 움츠러든 상태였다.

"안녕하세요? 이번에 건물을 낙찰받은 ○○○이라고 합니다. 혹시 이 건물에 거주하고 계신가요?"

"네, 3○○호에 살고 있습니다. 왜 그러시죠?"

"다름이 아니라 재계약을 하실 건지 아니면 이사 나가실 건지 궁금해서요."

"지금 생각 중이에요…."

"아~ 네, 알겠습니다. 제 연락처입니다. 마음 정해지면 연락 주세요."

"네. 알겠습니다."


1분이 채 되지 않는 짧은 만남이었다. 3~4일 이후 점유자에게 연락이 왔다. 재계약 조건은 어떻게 되는지 묻고 배당을 받기 위해 명도확인서가 필요하다고 했다. 무슨 말인지 잘 알겠다고 하며 전화를 끊고는, 이후 문자 메시지로 재계약 조건을 전달했다. 앞서 말했듯 재계약을 진행하든 재계약 없이 이사를 나가는 경우든, 명도확인서는 이사 나가는 것이 확인된 이후에 줄 수 있다고 전달했다.

결국 해당 점유자는 이사를 나갔고 보증금을 일부 받지 못했음에도, 이사비를 따로 청구하지 않았다. 보증금이 떼인 집에 더 이상 머물고 싶지 않다는 이유였다. 충분히 이해되는 마음이었다.


점유자가 이사비를 더 받기 위해 명도 협상 시 주변 지인을 이용한 경우도 있었다. 점유자와 그의 지인을 직접 만난 적은 없다. 처음에는 모르는 번호로 전화가 와서 어쩔 수 없이 유선 통화를 하게 됐는데, 50대 남성으로 추정되며 걸걸하고 쇳소리가 나는 목소리가 들려왔다.

"여보세요? ○○동 ○○○호 낙찰자죠?"

"네, 그런데 누구시죠?"

"아~ 나는 ○○○호 김○○ 씨와 잘 아는 사이인데. 나도 예전에 경매 많이 해 봤거든요. 주먹도 좀 썼고…. 이사비 적게 주면 이사 못 나가는 거 알죠?"

"네? 무슨 말씀인지 잘 모르겠네요. ○○○호 김○○ 씨는 대항력이 없어서 강제집행 대상자입니다. 제가 이사비를 군이 드릴 이유는 없네요."

무례한 말투와 내용에 나 역시 강하게 사실을 전달하니, 상대방도 화가 난 듯 언성이 높아졌다.

"뭐? 젊은 친구가 빡빡하게 그러면 안 돼! 이사비는 당연히 챙겨 줘야지."

"제가 이사비를 드릴 의무는 없습니다. 바빠서 이만 끊겠습니다."

"야!! 너 어디야! 좋게 말로 하니까 안 되겠네! 어딘지 말해!"

"아, 네. 저는 현재 ○○동에 있습니다. 이쪽으로 오세요!"

하지만 이번에도 할 말을 최소한으로 전달하고 전화를 끊었다. 이후 전화가 몇 통 더 왔지만 받지 않았다. 이후 의사소통은 마찬가지로 문자 메시지로 진행했다. 글로 해당 점유자의 현재 상황과 일부 보증금을 배당받기 위해서는 낙찰자의 명도확인서와 인감증명서가 필요함을 알렸다.

'건달' 같은 사람을 이용한 것이 괘씸하긴 했지만 점유자 나름대로의 두려움, 사정 등이 있지 않았을까 이해하려고 했다. 결국 해당 점유자의 명도는 강제집행비용보다 훨씬 적은 금액인 이사비 50만 원을 주고 마무리했다.

명도는 낙찰자에게 절대적으로 유리하다. 겁먹고 두려워할 상대는 점유자이다. 낙찰자는 법원의 강제집행이라는 강력한 무기를 손에 쥐고 있다. 굳이 대면하거나 유선 통화를 할 필요가 없다. 오히려 분명한 의사 전달이 안될 경우가 더 많다.

내용증명과 문자 메시지 등의 '글'을 통해 협의를 하는 것이 효율적이다. 문자는 계속 읽고 또 읽을 수 있기 때문이다. 귀로 듣는 것은 금방 휘발되고, 사실 잘 듣지도 않는다. 단, 일주일 이내에 내보내려고 하는 등 너무 조급하게 애쓰지 말고 점유자에게도 시간을 줘야 한다. 안 그래도 대부분 낙찰 이후 한 달이면 명도가 마무리된다.

점유자도 아마 생전 처음으로 경매 절차를 접했을 것이다. 많이 당황스럽고, 경매에 대해 이것저것 알아봐야 하는 상황이다. 배당, 명도, 강제집행 등 생소한 상황을 확인할 시간이 필요하다. 이사를 나

• 명도 잘하는 법

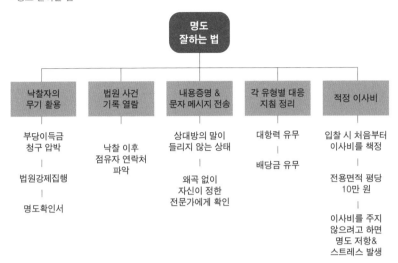

갈 수밖에 없음을 인지하면, 새 집을 알아보면서 재계약할지 말지 결정할 시간도 필요하다. 점유자의 입장에서 이 모든 상황이 정리되는 데 대략 보름에서 한 달이라는 시간이 필요한 것이다. 낙찰자가 너무 급하게 몰아붙일 경우 오히려 점유자가 궁지에 몰린 상태에서 악을 쓰게 되는 불상사가 발생할 수 있다.

그 외에는 전혀 어려울 것도, 스트레스받을 일도 없다.

# 내 물건 더 경쟁력 있게 만들고
# 수익화하기

경매 사이클의 마지막 단계이다. 임대를 맞추거나 매도하는 것이다. 임대와 매매를 잘 하기 위해서 가장 중요한 것이 정확한 시세 파악이다. 현재 그 지역에서 나의 물건이 어느 정도 시세인지 알아야 한다. 지피지기를 해야 하는 것이다. 수많은 부동산 물건 중에 나의 물건이 가격 면에서 합리적이고 매력적인 포인트가 있어야 임대든 매도든 소비자의 선택을 받을 수 있다.

시세 파악은 앞선 내용에서 언급한대로 우선 최대한 많은 데이터를 모으는 것이 중요하다. 공인중개사의 말로만 판단해 부동산을 내놓을 수는 없다. 공인중개사의 제1의 목표는 계약 성사이다. 어찌 됐든 싸게 내놓아야 계약될 확률이 높으므로 원래 가치보다 평가 절하될 가능성이 높다.

임대나 매매를 잘하기 위해서는 화장을 잘해야 한다. 사람들은 예쁘고 아름다운 걸 선호한다. 경매 당시의 부동산은 주인이 관리를 잘하지 못한 상태라 아름답지 않다. 선호되지 않는 부동산이다. 이제 낙찰을 받았으니 그 부동산을 아름답게 꾸며야 한다. 주거형 부동산일 경우, 임대 목적이라면 인테리어를 해야 한다. 매매 목적일 경우에는 두 가지로 나뉜다. 면적이 작고 가격대가 낮은 부동산일 경우 인테리어를 하는 것이 낫다. 반면 넓은 크기에 10억 원 이상 고가의 아파트일 경우 인테리어를 할 필요가 없다. 깨끗하게 청소만 해 놓는 수준이 적당하다. 고가의 아파트를 매입하는 경우에는 매수자가 자신의 취향에 맞게 직접 인테리어를 진행하기 때문이다.

아파트, 빌라와 같이 주거형 부동산의 인테리어는 화이트 톤으로 꾸밀 것을 추천한다. 가장 무난한 색깔이면서 한눈에 깔끔하다는 인상을 준다. 벽지와 주방, 화장실 모두 포함이다. 임대나 매매는 여성이 결정하는 경우가 많다. 그들이 가장 중점적으로 보는 포인트는 주방과 화장실이다. 벽지를 실크 재질로 선택하는 등으로 비용을 높이는 대신 가장 기본 사양으로 진행하고, 절감된 비용을 싱크대와 화장실에 투입하는 편이 좋다. 최신 유행을 따르기보다는 튀지 않는 무난한 타입의 디자인과 재질을 추천한다. 핀 조명 등을 이용해 주방과 화장실에 힘을 줘서 고급스러운 분위기를 연출한다면 더욱 효과적이다. 핀 조명은 투입금 대비 큰 효과를 주기에 특히 임대를 맞출 때 유리하다.


상가의 경우에는 크게 세 파트로 나뉜다. 건물 외관인 익스테리어, 건물 내부인 인테리어, 화장실이다. 기본적으로 인테리어는 임차인의 몫이다. 임대인이 할 수 있는 건 청소 정도이다. 화장실과 익스테리어는 임대인이 깔끔하고 통일성 있게 손보는 것이 맞다. 임차인이 물건을 보러 왔을 때 첫인상에서부터 다르게 느껴지기 때문이다. 내 물건이 임차 맞춰질 가능성이 높아진다.

익스테리어는 주로 외벽 공사를 의미한다. 상가 간판이 놓이는 자리 이외 상가가 보여지는 모습에서 주변 다른 상가와 차별점이 필요하다. 주변이 모두 회색 계통이라면 오히려 눈에 띄는 붉은색 계통을 사용해서 가시성을 확보한다. '빽다방'이 노란색 계열로 눈에 띄게 외관 공사를 한 이유와 동일하다. 화장실은 임차인과 손님이 사용할 공간이며, 외부에서 확인할 수 없는 부분이긴 하지만 어찌 보면 가장 중요한 포인트이다. 손님 입장에서 화장실이 깨끗하지 않은 음식점, 판매 업종일 경우 그 상가에 대한 신뢰도가 떨어진다. 하지만 임차인 입장에서 굳이 자신의 돈을 투입해 인테리어를 하고 싶지는 않다. 거기서 차별점이 생긴다. 임차인이 가게 자리를 알아볼 때, 나의 물건뿐만 아니라 주변 상가도 같이 둘러보기 때문이다.

나의 경우 화장실 두 곳을 배관, 타일, 변기까지 전면적으로 교체하는 데 580만 원을 투입했다. 한 곳에는 약 300만 원의 비용이 들어갔다. 화장실 공사를 함으로써 임대도 빨리 맞춰졌고 동시에 다른 곳보다 임대료를 최소 평당 1~2만 원을 더 받을 수 있었다. 20평 상가 기준, 보수적으로 평당 1만 원을 높게 받는다면 월세가 20만 원이나 증가하는 셈이다. 수익률 5%로 계산할 경우, (20만 원×12개월) / 5%라면 4,800만 원의 가치 상승이 있다. 화장실 공사비 300만 원을 투자의 개념으로 봤을 때 1,600% 수익률인 것이다. 동시에 임차도 더 쉽게 맞춰진다. 안 할 이유가 있을까?

2019년 11월에 낙찰받은 상가 물건을 예로 들겠다. 잔금 납부와 네 팀의 임차인 명도 및 재계약 완료 시점이 12월 말이었다. 1층 상가

● 건물 인테리어 전과 후

1~4호 중 2호는 재계약했고 나머지 1호, 3호, 4호는 명도 후 건물 내부 철거를 진행해야 하는 상황이었다. 공사는 2020년 1월 초 시작했다.

공사 기간은 1월 4일부터 2월 7일까지 총 35일 소요됐고 총 비용은 2,970만 원이 들었다. 건물 내부 철거, 화장실, 간판 철거, 외부 타일, 단열 공사, 도배, 간판 제작 및 설치까지 여러 공정이 포함된 큰 공사였다.

해당 부동산 물건의 경우, 입찰 전 임장을 다니며 임대 시세 조사를 할 때, 주변 공인중개사무소에서는 평당 5~6만 원이라고 평가했다. 하지만 나의 생각은 달랐다. 외부 공사를 통해 깔끔하게 단장하면 평당 8~9만 원은 가능할 거라 예상했다.

해당 상가의 입지가 편의점으로 적합하다는 판단하에 CU, GS25, 세븐일레븐, 이마트24의 점포 개발 담당자에게 연락해 "해당 상가의

● 공사 기간 스케줄표

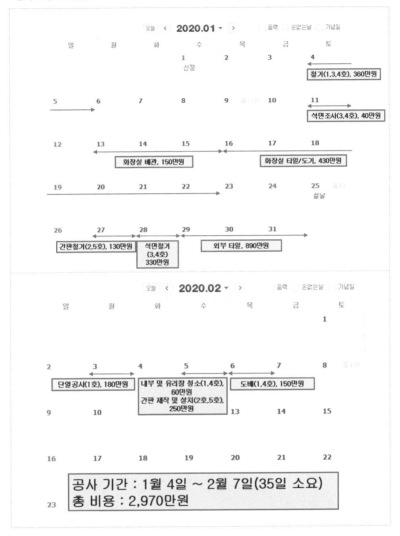

건물주인데 편의점을 입점시키고 싶다"는 의향을 알리고 적극적으로 홍보했다. CU와 GS25는 인근에 점포가 있어 거리 제한 등의 이유로

거절했고, 세븐일레븐은 연락이 잘 닿지 않았다. 그 당시 공격적으로 점포 수를 늘리고 있던 이마트24에서 점주를 연결해 줘 8만 1,000원에 임차를 맞출 수 있었다. 2호도 평당 8만 원에 재계약했다. 공인중개사무소의 판단보다 평당 3만 원이나 가격을 올린 셈이다.

남은 건 1호와 4호뿐이었다. 그때 문제가 발생했다. 2월 말, 코로나바이러스가 급격히 퍼지기 시작해, 3월부터는 전 세계적으로 팬데믹이 선언됐다. 우리 모두가 알고 있는 냉각기의 시작이었다.

사회적 거리 두기, 외부 활동 지양, 재택 근무 등 건물이 임대될 수 없는 불가항력적인 상황이었다. 1호와 4호는 약 1년간 공실로 유지됐다. 그러나 팬데믹은 예상보다 오래 지속됐고, 계속 그 상태로 둘 수는 없었다.

A4 용지로 접이식 양면 전단지를 제작해서 인근 부동산과 프렌차이즈 업체에 홍보를 시작했다. 전단지를 만들 때는 해당 물건의 강점을 최대한 어필해야 한다. 객관적인 지표로써 상가의 전용면적, 유효 수요 등을 숫자로 명기하고 주동선에 위치하고 있음을 알려 주는 지도를 삽입하는 것을 추천한다. 익스테리어 공사를 통해 외관이 깔끔한 점, 신규 공사한 화장실 등의 모습을 보여 주며, 다른 상가와 차별점이 있음을 강조한다.

주변 부동산에 PDF 파일을 문자로 보내는 경우도 있겠지만 직접 전단지를 출력해서 공인중개사무소를 방문해 전달하는 경우도 있다. 이럴 때는 전단지를 코팅하는 것도 좋은 방법이다. 코팅되어 있다면 보관하기도 쉬워지며, 쉽게 버리기 아깝다는 마음이 든다. 나의 물건이 주변 공인중개사에게 각인되는 효과가 생기는 것이다. PPT를 작성하고, 장점을 끌어내 강조하고 설득하는 일은 직장인으로서 많이 해 본 일이 아닌가? 사회 경험이 많은 사람일수록 유리한 방법이다. 결과적으로 평당 8만 원 이상 받으려고 계획했던 임대료를 6만 원으로 낮춰 1호는 카페로 임대하고, 4호는 낮은 가격에 매각했다. 4호는 매수자가 무인 아이스크림 가게를 열어서 운영했다.

결과적으로 해당 상가 물건은 현재 모두 매각한 상태이다. 6억 3,500만 원에 낙찰받아서 3,000만 원의 공사비가 투입되었으니 원가는 6억 6,500만 원이었다. 네 개 상가 총 매각 금액은 11억 9,500만 원으로, 5억 3,000만 원의 시세 차익이 났다. 경락잔금대출을 5억 800만 원 받아서 초기에 약 1억 5,000만 원의 정도의 자금이 투입되었는데, 잔금 납부 후 5개월 만에 3호 편의점을 매각하면서 모든 투자금을 회수했다. 무피 투자가 시작된 셈이다.

만일 코로나 팬데믹이 없었다면 어땠을까? 아마 더 큰 수익을 빠른 시간 내에 거둘 수 있었으리라 예상한다. 하지만, 개인이 어찌할 수 없는 상황이 발생했고, 그대로 두고 보기보다는 최선을 다해 그 위험을 벗어났다. 상가지만 외부 공사를 진행했고 프랜차이즈 점포 개발 담당자에게 적극적으로 부동산을 홍보했다. 나중에는 전단지까지 만들었다.

● 건물 임대 및 매매를 위한 전단지

● 아시아드경기장역(공촌사거리) 도보1분
● 서인천세무서, 인천인세병원 인접
● 아파트 배후세대
● 초중고 2,200여명 유효수요
● 주차공원 앞

그 지역 경쟁 부동산의 시세와 가치를 정확히 알았기에 이런 전략이 맞아 떨어졌다. 해당 물건은 C+급이었지만, 화장을 통해 B0급으로 업그레이드해서 수익을 거둔 케이스이다.

모두 A급의 부동산을 노린다. 당연히 비싸고, 싼 가격에 낙찰받기도 쉽지 않다. 많은 이목이 집중되기 때문이다. 경쟁이 치열한 상황 속에서도 이와 같이 C급 또는 B-급의 물건을 낙찰받아 B0, B+급으로 업그레이드시켜 수익을 거둘 수 있다. 주변이 전부 C+급인데 내 물건이 B0라면 당연히 임대나 매매가 수월하게 진행된다.

부동산 경기가 불황이면 B+급의 물건도 헐값에 낙찰된다. 왜냐하면 많은 이가 부동산 투자를 부담스러워하기 때문이다. 오히려 이때가 기회이다. 이런 물건을 낙찰받아 A급을 만들어서 평생 가져가도 된다. 경기는 항상 사이클이 있고 업&다운이 있다. 항상 호황일 수 없고 불황일 수도 없다. 그 흐름에 맞춰서 전략을 짜면 된다.

다시 한번 강조한다. 지피지기해라. 나의 경쟁 상대인 부동산의 시세와 상태를 파악해 그보다 좀 더 경쟁력이 있으면 된다. 딱 한 포인트만 다르면 된다. 그럼 임대도 맞춰지고 팔린다. 수익을 거둘 수 있다. 이 점을 명심해서 경매에서 최종 마침표인 임대, 매매를 통해 수익을 실현하길 바란다.

평범한 나도 해낸 결코 어렵지 않고 누구나 할 수 있는 일이다.

당신도 할 수 있다. 현재보다 좀 더 나아져 경제적 여유와 자유를 누릴 수 있길 적극 응원한다.

# 평균 성공 비율
# 100:50:1

'낙담의 골짜기'라는 말을 들어보았는가? 어떤 일을 할 때 사람들은 자신의 노력과 시간이 투입된 만큼 그 결과가 선형적으로 증가할 것이라고 기대한다.

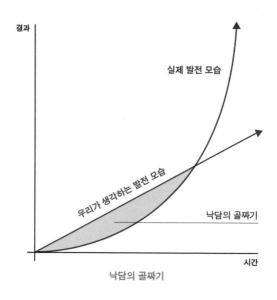

낙담의 골짜기

하지만 현실의 결과는 선형적이지 않다. 가까이서 보면 로그 함수의 모습이고 멀리서 봤을 때는 계단식 모양이다. 결과는 기대만큼 나오지 않고 이게 잘하고 있는 것인지 의문이 자주 든다. 대부분 이 낙담의 골짜기 구간에서 포기한다.

부동산 또한 마찬가지이다. 내가 노력한 것과 달리 결과는 즉각적으로 보이지 않는다. 전혀 티가 나지 않고 계속 제자리에 맴도는 느낌이 든다. 그 인고의 시간, 낙담의 골짜기를 지나기 위해서는 현재의 위치에서 버티며 꾸준히 자신의 노력과 시간을 갈아 넣어야 한다.

나의 경우 운이 좋게도 이 낙담의 골짜기가 존재한다는 사실을 미리 알았다. 그래서 지치고 힘들 때도 많았지만 버티고 또 버텼다. 결과가 즉, 수익이 나지 않는 시기에도 부동산 물건을 검색하고 분석하고 임장을 다녔다. 어찌 보면 바보처럼 계속 그 과정을 계속했다. 분석한 물건의 개수가 10개, 20개, 30개, 50개, 100개, 200개, 300개 쌓여 나가자 어느새 발전한 나의 모습을 보게 되었다.

독자 분들에게 하고 싶은 말은, 앞에서도 계속 반복했던 말이지만, 지치지 말고 꾸준히 하라는 것이다. 사실 이게 가장 어려운 부분이다. 그런데 어쩔 수 없다. 이게 정답이고 계속해서 반복하고 노력하는 자에게는 분명 오늘과는 다른 내일이 기다리고 있다.

10년 전, 5년 전, 나와 같이 부동산 수업을 들었던 동료 중 현재까지 계속 이 시장에 남아 있는 사람은 안타깝지만 거의 없다. 거의 대부분 중간에 포기했다. 기대한 만큼의 결과가 보이지 않았기 때문이다. 하지만 '버티기만 했다면' 분명 나만큼의 수익을 냈으리라 생각한다. 부동산은 특별한 재능이 필요한 분야가 아니기 때문이다.

이 시기를 슬기롭게 버티며 지나치는 방법은 가시적인 성과 지표를 만드는 것이다. 직접 분석하고 임장을 갔던 부동산 물건에 대한 보고서를 작성해서 개인 블로그에 비공개로 업로드하거나 네이버 카페 같은 부동산 커뮤니티에 자신의 성과물을 올리고 공유하는 것이다.

일주일에 1건, 또는 격주에 1건 등 자신의 상황에 맞게 기계적인 루틴을 만들어 눈에 보이는 성과를 만들어 나가면 버티기 쉬워진다. 그러다 6개월, 1년 전에 작성한 물건 보고서를 다시 보게 된다면, 헛웃음이 날 것이다. '예전에는 내 수준이 이것밖에 안 됐구나, 그때 멋모르고 투자했으면 큰일날 뻔했네'라는 생각이 번뜩 들 것이다. 그만큼 자신이 성장했다는 뜻이다.

많은 사람이 왜 게임에 과도할 정도로 빠져드는지 아는가? 특히 마니아가 많은 '리니지'와 '리그 오브 레전드'라는 게임이 있다. 그 게임의 공통점 중 하나는 자신의 경험치와 레벨 업되는 모습이 실시간으로 나타난다는 것이다. 모니터에 노력의 결과가 가시적으로 보인다. 그래서 조금만 더 조금만 더, 하면서 게임에 계속 몰입하게 된다.

부동산도 마찬가지다. 스스로 성과 지표를 만들어서 게임하듯 동기 부여를 하면, 자신을 부동산의 고수로 성장시킬 수 있다. 나도 이 과정을 지금도 계속하고 있다. 1주에 1건씩 물건을 분석하고 임장을 가고 투자 여부를 고민한다. 분석 보고서를 나의 블로그에 올리며 가시적인 성과 지표를 만들고 있다. 그래야 지치지 않고 할 수 있다. 계속하다 보면 밥 먹고 나서 양치질을 하듯이 자연스런 습관으로 자리 잡게 된다. 선순환 구조가 만들어지는 것이다.

이 책에는 직장인으로서 어떤 식으로 부동산 물건을 분석하고, 임장을 가고, 그 가치를 판단하면 실패를 줄일 수 있는지 그리고 최소한의 노력으로 안정적으로 수익을 낼 수 있는지에 대한 노하우가 담겨 있다.

100:50:1, 내가 만든 평균 성공 비율이다. 50번 물건 분석하고 임장을 하면 1건 이상 투자를 실행해 수익을 거둘 수 있다. 소자본으로 투자하더라도 평균적으로 최소 5,000만 원 이상의 수익을 낸다는 사실을 확인했다. 5,000만 원의 수익을 50번의 물건 분석으로 나누면 100이라는 숫자가 나온다. 앞에서도 얘기한 '임장 1건에 100만 원을 번다'라는 개념이 여기에서 나온 것이다.

사실 이 숫자는 굉장히 보수적인 관점에서 적은 것이고 실제로는 20번 또는 30번 정도 꾸준히 물건을 분석했다면 이룰 수 있는 투자 수익이다. 세상에는 빠르게 배우는 사람, 조금 느리게 배우는 사람이 있는데 100:50:1의 비율은 느린 사람 기준이다.

한 가지 더 재미난 것은 평균 성공 비율이 계속 바뀐다는 것이다. 물건 분석의 개수가 늘어날수록 기대 수익은 복리로 늘어난다. 임장 1건에 100만 원의 부가 가치를 일으키는 초보 투자자에서 1,000만 원, 5,000만 원 이후 1억 원으로 늘어나는 고수로 성장하는 것이다.

이 부분이 부동산 투자의 매력이다. 시간과 노력을 투입할수록 자신의 가치가 계속 성장하는 분야이다.

요즘은 100세 시대라는 말을 자주 듣는다. 기대수명이 늘어난 만큼 직장 생활을 은퇴한 나이인 50대, 60대가 되어도 아직 살아갈 날이 산 날만큼 남아 있다. 예상컨대, 10~20년 이후에는 120세 시대라는 말이 자연스러울 것이다. 살아야 할 날이 더 늘어나는 것이다.

부동산만큼 자신의 노력이 복리로 돌아오는 분야도 드물다. 물건 분석을 10번 한 투자자와 100번 한 투자자 그리고 1,000번 한 투자자의 부가 가치가 과연 똑같을까? 앞에서 말했듯 평균 성공 비율 100:50:1이 고수로 갈수록 1,000:20:1 또는 10,000:10:1로 바뀐다.

앞으로의 시대에는 비단 부자가 되기 위해서 뿐만 아니라 자신의 노후를 위해서도 반드시 공부하고 실력을 쌓아야 할 분야가 필요한데 그중에서 나는 부동산을 강력히 추천한다.

나는 앞으로도 신체적 능력이 도와줄 때까지 계속해서 부동산을 할 것이다. 여러분들도 나와 같이 부동산을 통해 부자가 되고 노후를 준비했으면 한다.


낙담의 골짜기를 무사히 지나기를 응원한다.


부가남(이창민) 드림

1 YEAR 1 REAL ESTATE AUCTION

**1년에 경매 1건으로 연봉 버는**
# 월급쟁이 투자 전략

| | |
|---|---|
| 초판 1쇄 발행 | 2024년 3월 6일 |
| 지은이 | 부가남(이창민) |
| 펴낸이 | 허대우 |
| 편집 | 이정은, 한혜인 |
| 디자인 | 도미솔 |
| 영업·마케팅 | 도건홍, 김은석, 이성수, 정성효, 김서연, 김경언 |
| 경영지원 | 채희승, 안보람, 황정웅 |
| 펴낸곳 | (주)좋은생각사람들 |
| 주소 | 서울시 마포구 월드컵북로22 영준빌딩 2층 |
| 이메일 | book@positive.co.kr |
| 출판등록 | 2004년 8월 4일 제2004-000184호 |
| ISBN | 979-11-93300-22-0 (03320) |

- 책값은 뒤표지에 표시되어 있습니다.
- 이 책의 내용을 재사용하려면 반드시 저작권자와 (주)좋은생각사람들 양측의 서면 동의를 받아야 합니다.
- 잘못 만들어진 책은 구입하신 곳에서 바꿔 드립니다.

**좋은생각**은 긍정, 희망, 사랑, 위로, 즐거움을 불어넣는 책을 만듭니다.
positivebook_insta    www.positive.co.kr